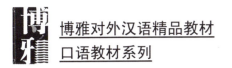

中级汉语口语 1 (第三版)

INTERMEDIATE SPOKEN CHINESE

刘德联　刘晓雨　编著

图书在版编目（CIP）数据

中级汉语口语 . 1/ 刘德联，刘晓雨编著 . —3 版 . —北京：北京大学出版社，2014.3
（博雅对外汉语精品教材）
ISBN 978-7-301-24025-0

I. ① 中… II. ① 刘… ② 刘… III. ① 汉语—口语—对外汉语教学—教材 IV. ① H195.4

中国版本图书馆 CIP 数据核字（2014）第 046301 号

书　　　名：中级汉语口语 1（第三版）
著作责任者：刘德联　刘晓雨　编著
责　任　编　辑：宋立文　沈浦娜
标　准　书　号：ISBN 978-7-301-24025-0
出　版　发　行：北京大学出版社
地　　　　址：北京市海淀区成府路 205 号　100871
网　　　　址：http://www.pup.cn　新浪官方微博：@北京大学出版社
电　子　信　箱：zpup@pup.cn
电　　　　话：邮购部 62752015　发行部 62750672　编辑部 62754144　出版部 62754962
印　　刷　者：三河市博文印刷有限公司
经　　销　者：新华书店
　　　　　　　889 毫米 ×1194 毫米　16 开本　13.25 印张　378 千字
　　　　　　　1996 年 8 月第 1 版
　　　　　　　2004 年 3 月第 2 版
　　　　　　　2014 年 3 月第 3 版　2024 年 5 月第 8 次印刷
定　　　价：52.00 元

未经许可，不得以任何方式复制或抄袭本书之部分或全部内容。
版权所有，侵权必究
举报电话：010-62752024　电子信箱：fd@pup.pku.edu.cn

第三版改版说明

这是一套经典汉语口语教材，自 1996 年出版以来，受到国内外汉语学习者和汉语教师的广泛好评，先后两次改版，数十次印刷，至今畅销不衰。

本套教材分初中高三个级别，每级分 1、2 和提高篇三册。每课分为课文、注释、语言点和练习等部分。每三至五课为一个单元，每单元附有口语常用语、口语知识及交际文化知识。

本套教材从零起点起，初级前三课为语音集中教学阶段，后续课程根据情景和功能灵活设课，循序渐进，急用先学，即学即用。教材的选词范围主要以《汉语水平词汇与汉字等级大纲》为参照，初级以甲乙级词为主，学习初级口语常用句式、简单对话和成段表达；中级以乙丙级词为主，以若干主线人物贯串始终，赋予人物一定的性格特征和语言风格；高级以丁级词为主，第 1、2 册以一个典型的中国家庭为主线，以类似剧本的形式展开故事情节，展示中国家庭和社会的多个侧面。

本套教材的主要特点是：

1. 与日常生活紧密结合，学以致用；
2. 语言点解释简单明了，通俗易懂；
3. 练习注重结构与交际，丰富实用。

本套教材每个级别可供常规汉语进修生或本科生一学年之用，或供短期生根据实际水平及课时灵活选用。

第三版主要针对以下内容进行修订：

1. 对课文、例句及练习中过时的内容做了修改和替换，使之更具时代感；
2. 对少量语言点及解释做了调整和梳理，使之更加严谨，便于教学；
3. 对部分练习做了增删，使之更具有针对性和实用性。

北京大学出版社汉语及语言学编辑部

2014 年 3 月

第二版改版说明

《中级汉语口语》（上、下）自1996年出版以来，受到汉语教师和学习者的普遍欢迎，先后重印十几次，总印数超过十万册。这是对这部教材的肯定。我们对所有使用者深表谢意。

口语教材，特别是中高级口语教材，具有较强的时效性。它必须围绕当今社会普遍的话题，采用流行的语言，使学习者尽快学会并运用。处于改革中的中国日新月异的变化，也促使汉语交际语言不断更新。为适应社会发展的需要，我们的口语教材，即使是一部好的教材，在用过一段时间以后，都有从内容到语言进行部分修改的必要。我们在这部教材的销售旺期进行改版，正是出于上述目的。

这次改版，根据教学的需要，在原有教材的基础上，对部分课文作了一定的修改，并补充了一些新的课文，将原来的上、下两册，充实为现在的1、2、提高篇三册。在体例上，根据部分教材使用者的要求，增加了"语句理解"一项，对一些口语化的、仅从字面上难以准确理解其含义的语句作了例释。此外，根据部分使用者的意见，对课文中过于北京化的口语词汇作了适当的调整，以适合各地使用者的需要。在练习方法上，我们也增添了一些活泼多样的练习形式。

在这次改版过程中，韩曦老师、钱旭菁老师为教材的英文注释作了校对，在此一并表示感谢。

我们希望教材改版以后，能够更适应学习者的需要，也希望教材使用者将使用中发现的问题，及时反馈给我们。

刘德联　刘晓雨
2004年1月于北京大学对外汉语教育学院

序

　　学习外语，按说应该是听、说、读、写并重，但在实际教学中，往往可以根据学生的水平和需要而有不同程度的侧重。近些年来，我国有不少高等院校的对外汉语教学单独设置了口语课程，侧重听和说的训练，这是非常必要的。外国朋友在中国学汉语和在他们自己的国家学，环境完全不同。他们来到中国以后，迫切需要的就是提高口语能力以适应陌生的语言和生活环境，只靠一般汉语课循序渐进地学语音、词汇和语法，是远远不能满足他们每天生活中听和说的需要的。专门为他们开设口语课，正可以弥补这方面的不足。近几年来，国内已出版了一些专供外国朋友学习口语用的教材，各自从不同的角度对如何讲授口语课作了一些很有意义的探索，这是非常可喜的现象。但是，如何突出口语课的特点，使它和其他汉语课有明显的分工，应该说是至今还没有很好解决的问题。

　　这部《中级汉语口语》是北京大学对外汉语教学中心刘德联和刘晓雨两位老师合编的。近几年来，他们一直为外国留学生讲授汉语口语课程，积累了相当丰富的教学经验，最近又在总结过去一些口语教材的优缺点的基础上编写了这部教材。它以密切结合学生口语的实际需要为编写主线，内容相当活泼生动，语言也比较规范自然，尤其是在每一单元之后设置了"口语知识"和"口语常用语"两项内容，既起到了复习已学到的汉语知识的作用，又能把这些知识集中到口语的角度来认识，对学生提高口语能力无疑有很大帮助，这是非常有意义的尝试。希望这部教材的出版能对今后汉语口语课的建设起到推动作用，使汉语口语课从目前的探索阶段走向成熟，逐步形成一套真正有自己特色的比较完整的口语课体系。这恐怕不只是本书两位编者的希望，也是所有汉语教师的希望。我正是怀着这种希望愿意为这部教材写出这篇短序的。

林　焘

1996 年 4 月于北京大学燕南园

前 言

语言是随着社会的发展而发展的,语言教材也应不断更新。这部《中级汉语口语》就是基于这种原则而编写的。

这部教材以具有一定汉语基础的来华进修的留学生为主要对象,课文内容紧紧围绕外国留学生的在华留学生活,选取留学生可能会遇到的情景,安排自然、生动的口语对话,以满足留学生的日常生活需要。

本教材所选生词主要是国家对外汉语教学领导小组办公室公布的《汉语水平词汇与汉字等级大纲》中乙级以上的词汇,甲级词和部分常用的乙级词没有作为生词收入。

本教材在总结前人教材编写经验教训的基础上,力求突破与创新,突出口语教材的特性。其特点主要体现在以下几个方面:

其一,以若干主线人物贯串始终,赋予人物一定的性格特征,让不同性格的人物说出不同风格的话,避免出现书中人物千人一面,干巴巴问答的现象。

其二,注意社会发展趋势,及时淘汰已过时或即将过时的语言,在安排课文内容和语言时"向前看",把对一些社会新生事物的介绍及有关的会话内容收入到课文之中,如各种新的交通工具的乘坐常识、移动电话与寻呼机的有关知识等等。

其三,安排大量由浅入深的实用性练习,练习方式变"词本位"为"句本位",将重点放在情景会话上,要求教会学生在不同的场景中说出恰当的话语。

其四,口语知识的系统化讲解。在教材每一单元之后设置"口语知识"一项内容,对口语中经常出现的一些语言现象,从口语语音到口语语法,进行比较系统的归纳,然后布置一些相关的练习,帮助学生巩固所学知识。

其五，口语常用语的补充。在教材每一单元之后，增设"口语常用语"。将口语中经常使用的某些交际语言分门别类地进行适当的归纳，帮助学生了解同一情景下不同的表达方式。

本书在编写过程中，得到北京大学对外汉语教学中心部分教师的热情指教，林焘先生在百忙之中为本书作序，张园老师参加了本书前期准备工作，北京大学出版社的沈浦娜老师、郭荔老师提出许多建设性意见，在此，一并表示感谢。

刘德联　刘晓雨

1996 年 4 月于北京大学

目 录
Contents

第一课	来，认识一下儿	1
第二课	我原来想选五门课呢	7
第三课	慢慢就习惯了	14
第四课	你能不能帮我找一个辅导老师？	20
口语知识（一）	1 上声（三声）的变调	26
	2 "一"和"不"的变调	27
口语常用语（一）	1 问候与寒暄	30
	2 介绍与自我介绍	32
第五课	你出门喜欢坐什么车啊？	34
第六课	我想给朋友打个电话	43
第七课	寄书比买书贵	50
第八课	我在校外租了房子	59
口语知识（二）	1 语气词"吧"的主要用法	67
	2 语气词"呢"的主要用法	68
	3 语气词"嘛"的主要用法	70
口语常用语（二）	1 打听与请求	72
	2 感谢与道歉	73
第九课	你想买什么衣服？	75
第十课	咱们在这儿照张相吧	84
第十一课	很高兴能到您家来做客	91
第十二课	谢谢你们的热情招待	99
口语知识（三）	1 语气词"啊"的音变	107
	2 汉语口语中常用的几个感叹词	109
口语常用语（三）	1 赞同与同意	113
	2 意见与建议	114

第十三课	你教我做这个菜吧	117
第十四课	我还是喜欢中国的民歌	125
第十五课	找一座有名的山去爬	132
第十六课	我们想了解一下儿留学生的周末生活	140
口语知识（四）	1 口语中表示列举的常用词语	147
	2 口语中常见的反问句	149
口语常用语（四）	1 称赞与惊叹	154
	2 不满与抱怨	155
第十七课	哪里哪里	157
第十八课	我在中国的留学生活	163
第十九课	我觉得这是学口语最好的方法	169
第二十课	看看中国人怎样过春节	175
口语知识（五）	1 插说与口语中常见的插入语	183
	2 程度补语的常见形式	184
口语常用语（五）	1 安慰与劝解	187
	2 担心与发愁	188

"语句理解"总表 ········ 191
词语总表 ········ 193

第一课　来，认识一下儿

热身话题

1. 初次见面应该怎样打招呼？
2. 很长时间没见面怎样打招呼？
3. 怎样向别人介绍自己的朋友？

（玛丽是中国一所大学新来的留学生，她的好朋友大卫也在这所大学学习。这天，她到大卫的住处去找他……）

玛　丽：　　（敲门）

田　中：　　哪位？

玛　丽：　　请问，大卫同学是在这儿住吗？

田　中：　　是啊，可他现在不在，出去了。你是……

玛　丽：　　我叫玛丽，是他的朋友，刚从美国来。

田　中：　　进来坐会儿吧，他马上就回来。

玛　丽：　　打扰了。（进屋）

田　中：请坐。我姓田中，日本人，是大卫的同屋。我是前年九月来这所大学的，现在是历史系二年级的学生。

玛　丽：我也打算在历史系进修。我对中国历史很感兴趣。

田　中：那咱们以后就是同学了。

玛　丽：我的汉语还不行，今年恐怕入不了系，以后还得请你多多帮助。

田　中：好说，好说。

（大卫和他的中国朋友王峰进来）

玛　丽：大卫！还认识我吗？

大　卫：玛丽！是你啊！好久不见了！什么时候来的？怎么也不告诉我一声儿？

玛　丽：我想让你大吃一惊。怎么样？没想到我们会在这儿见面吧？

大　卫：是啊！（招呼王峰和田中）来，认识一下儿，这是我大学时的朋友玛丽，（对玛丽）这是我的中国朋友王峰。

玛　丽：你好！

王　峰：你好！

大　卫：（指着田中）这是……

玛　丽：他是你的同屋，叫田中，是日本人，历史系的留学生。

大　卫：（吃惊地）你怎么知道？

玛　丽：我们是刚认识的。

大　卫：你还是和以前一样，跟谁都爱交朋友，和我这位中国朋友差不多，是吧，王峰？

王　峰：（对玛丽）我这个人是挺爱交朋友的，以后有什么要帮忙的，找我好了。

大　卫：对，以后你有什么事就问他，他什么都知道。

王　峰：那我也比不上你，你是有名的"中国通"啊。

大　卫：别拿我开心了！

第一课　来，认识一下儿

词　语

1	敲	qiāo	（动）	to knock
2	刚	gāng	（副）	just
3	打扰	dǎrǎo	（动）	to disturb
4	同屋	tóngwū	（名）	roommate
5	历史系	lìshǐxì	（名）	history department
6	打算	dǎsuàn	（动、名）	to plan, to think of; plan, consideration
7	进修	jìnxiū	（动）	to engage in advanced studies
8	感兴趣	gǎn xìngqù		to be interested in
9	恐怕	kǒngpà	（副）	to be afraid of
10	入系	rù xì		to enrol in a department
11	得	děi	（助动）	to have to
12	大吃一惊	dà chī yì jīng		to be shocked
13	没想到	méi xiǎngdào		unexpected; out of one's expectation
14	招呼	zhāohu	（动）	to call; to greet
15	吃惊	chī jīng		to be surprised
16	和……一样	hé……yíyàng		same as
17	交朋友	jiāo péngyou		to make friends
18	挺……的	tǐng……de		quite
19	比不上	bǐ bu shàng		hardly comparable with
20	拿……开心	ná……kāixīn		to make fun of

注　释

中国通（tōng）

称赞对中国的事情很了解的外国人。

语句理解

1. 打扰了

因为麻烦别人而表示歉意的客气话。也可以说"打扰您了"。

2. 好说

当别人请求帮助时，表示"没问题"，"愿意帮忙"。有时常连用两次"好说"，语气更客气。比如：

甲：我想请你帮我买一张明天去上海的飞机票。

乙：好说，好说。

3. 别拿我开心了

"拿……开心"中间多插入某人，意思是"对某人开玩笑"，用于熟人之间。比如：

（1）他们这些人，总爱拿老李开心。
（2）你们别拿小张开心了。

练 习

一 用正确的语调朗读下面的句子：

1. 大卫同学是在这儿住吗？
2. 进来坐会儿吧。
3. 那咱们以后就是同学了。
4. 大卫！还认识我吗？
5. 玛丽！是你啊！
6. 没想到我们会在这儿见面吧？
7. 你怎么知道？
8. 我这个人是挺爱交朋友的。
9. 别拿我开心了！

二 熟读下面的句子，然后对画线部分的词语进行替换：

1. 我叫玛丽，刚从美国来。
2. 我是前年九月来这所大学的，现在是历史系二年级的学生。
3. 我对中国历史很感兴趣。
4. 来，认识一下儿，这是我大学时的朋友玛丽，这是我的中国朋友王峰。
5. 我们是刚认识的。

三 分组进行情景会话，用上所给的语句：

1. 去宿舍楼找人。
   （……是在这儿住吗　进来坐会儿吧　打扰了）

2. 初来这里的同学向朋友请求帮助。
   （从……来　对……很感兴趣　……还不行　请你多多帮助　好说　找我好了）

3. 过了很长时间再次和朋友见面。
   （好久不见了　没想到　和……一样）

4. 替互相不认识的人介绍。
   （认识一下儿　这是……，这是……）

四 课堂会话：

学生分组作自我介绍，然后每组选出一名代表，向全班介绍本组同学。

五 成段表达：

谈谈你来中国后学习方面的打算。

六 课堂游戏：

猜猜他是谁

每个学生在纸条上写上自己的相貌特征（xiàngmào tèzhēng）和爱好，不会写的字请写上拼音，交给老师。老师打乱纸条顺序（shùnxù）后发给每一个学生，学生念自己手中的纸条，大家猜这是哪个同学写的。写这张纸条的同学不要告诉别人。

补充材料

看下面的几幅图,说说图中的"阿姨"都是什么人。

第二课　我原来想选五门课呢

热身话题

1. 这学期你有哪几门课？
2. 这学期你想选什么课？为什么？

（一）我可以选几门课啊？

玛　丽：　（走进办公室）请问，现在可以选课吗？

王老师：　今天不行，明天中午在教学楼的一层选课。

玛　丽：　我是汉语九班的学生，可以选什么课？

王老师：　你先看一下外面的课表，上面都有介绍，然后再来选课。

玛　丽：　我可以选几门课啊？

王老师：　除了汉语课和口语课，选修课不能超过两门。

玛　丽：　我对中国历史很感兴趣，有没有中国历史方面的课？

王老师：　有一门"中国概况"比较适合你，还有一门"中国历史讲座"，可以选修，也可以旁听。

玛　丽：	选课限制人数吗？
王老师：	有的课限制人数。
玛　丽：	要是我喜欢的课报名人数多怎么办？
王老师：	那只有一个办法。
玛　丽：	什么办法？
王老师：	早点儿去选。
玛　丽：	好吧。顺便问一下儿，可以在网上选课吗？
王老师：	现在还不行，因为一些留学生的汉语水平还不高，网上选课有困难。
玛　丽：	明白了。谢谢您。
王老师：	不客气！

（二）不要"急于求成"

玛　丽：	这儿有人坐吗？
田　中：	没人，你坐吧。
玛　丽：	你是田中吧？还记得我吗？
田　中：	你是……，噢！我想起来了，你是刚来的，叫……安娜？
玛　丽：	哪儿啊，我叫玛丽。
田　中：	不好意思。你开始上课了吧？选了几门课？
玛　丽：	除了必修课，我选了两门课。我还想旁听两门课。
田　中：	每周上多少节课？

玛　丽：二十四节。
田　中：真不少。
玛　丽：这还多啊？我原来想选五门课呢！老师说太多了，只让我选两门。
田　中：我同意。刚来就上那么多课，你会感到吃力的。
玛　丽：老师还对我说不要"急于求成"。这是什么意思？
田　中：老师的意思是说，你别想一口吃成胖子。
玛　丽：谁想吃成胖子啊！

词　语

1	选课	xuǎn kè		to select courses
2	门	mén	（量）	(a measure word for course)
3	教学	jiàoxué	（名）	teaching
4	课表	kèbiǎo	（名）	timetable; schedule
5	除了	chúle	（连）	besides; in addition to
6	选修课	xuǎnxiūkè	（名）	elective course
7	超过	chāoguò	（动）	more than; to exceed
8	方面	fāngmiàn	（名）	aspect
9	概况	gàikuàng	（名）	survey; situation
10	适合	shìhé	（动）	to fit; to suit
11	讲座	jiǎngzuò	（名）	lecture
12	旁听	pángtīng	（动）	to attend a class as an auditor
13	限制	xiànzhì	（动）	to limit; to restrict
14	人数	rénshù	（名）	number of the people
15	报名	bào míng		to register
16	顺便	shùnbiàn	（副）	by the way
17	网	wǎng	（名）	internet
18	急于求成	jí yú qiú chéng		impatient for success
19	记得	jìde	（动）	to remember
20	必修课	bìxiūkè	（名）	required course
21	吃力	chīlì	（形）	too much for; difficult
22	胖子	pàngzi	（名）	a fat person

注 释

1. 不好意思

    "不好意思"除了有"害羞"的意思以外,还可以表示道歉。

2. 一口吃成胖子

    比喻想一下子达到目的。

语句理解

1. 顺便问一下儿

    借说某事的机会,提出另一个问题希望对方解答。

2. 哪儿啊

    表示事实与对方所说的不符,多在和认识的人对话时使用。比如:

    甲:你为什么又迟到了?睡懒觉了吧?

    乙:哪儿啊,路上堵车了。

3. 这还多啊

    "这还……啊"是反问句,表示否定,意思是"这不……"。比如:

    甲:二百块?太贵了!

    乙:这还贵啊?别的商店卖二百四呢!

4. 谁想吃成胖子啊

    "谁想……啊"也是反问句,意思是"谁都不想……"或者"我可不想……"。说话人带有不满的语气。比如:

    甲:你想不想和你的老板一起去旅行?

    乙:谁想和他那样的人出去玩儿啊?

练 习

一 用正确的语调朗读下面的句子，注意句尾语气词的发音：

1. 请问，现在可以选课吗？
2. 我可以选几门课啊？
3. 你是田中吧？还记得我吗？
4. 哪儿啊，我叫玛丽。
5. 这还多啊？我原来想选五门课呢！
6. 谁想吃成胖子啊！

二 仿照例句替换下面句子中画线部分的词语：

1. 请问，现在可以<u>选课</u>吗？
   报名
   办手续（xù）
   交房费
   领（lǐng）教材

2. <u>除了汉语课和口语课</u>，<u>选修课不能超过两门</u>。
   包子和饺子　　还有面条儿
   北京和上海　　还去过西安
   黑的和蓝的　　都可以
   纸巾（jīn）　　都不用买

3. 你先<u>看一下外面的课表</u>，然后再来选课。
   交一下儿钱　　拿书
   学学　　　　　教大家
   洗洗手　　　　吃饭
   打听打听　　　告诉我

4. 顺便问一下儿，<u>可以在网上选课吗</u>？
   几点开始上第一节课
   去长城饭店怎么走
   山顶上有没有厕所
   在哪儿能买到这本书

三 用下面的语句组合成一段完整的对话：

1. 去办公室选课。
   ① 现在可以选课吗？
   ② 你先看一下外面的课表，然后再来选课。
   ③ 我可以选几门课？
   ④ 有没有……方面的课？
   ⑤ ……比较适合你。
   ⑥ ……限制人数吗？
   ⑦ 要是……怎么办？
   ⑧ 顺便问一下儿，……
   ⑨ 可以在网上选课吗？

2. 新来的同学谈选课。
   ① 选了几门课？
   ② 除了……课，我还选了……
   ③ 每周上多少节课？
   ④ 这还多呀？
   ⑤ 我原来想选……门课呢！
   ⑥ 你会感到吃力的。

四 用所给的词语完成对话：

1. 甲：这字是你写的吗？真漂亮！
   乙：（哪儿啊）

2. 甲：晚上在水房唱歌的是你吧？
   乙：（哪儿啊）

3. 甲：这件衣服太小了。
   乙：（这还……啊）

4. 甲：我觉得今天天气不太热。
   乙：（这还……啊）

5. 甲：今天我又没时间做饭了，咱们还吃方便面吧？
   乙：（谁想……啊）

6. 甲：你是不是故意气我？
   乙：（谁想……啊）

五 说出选课时你可能提出的五个问题。

六 请你说说：

1. 谈谈你在原来的学校里怎样选课。
2. 谈谈你最需要上的课或最想上的课。

七 成段表达：

介绍你这学期选课的经历。

补充材料

试着填写下面的选课单，并说说自己为什么要选这些课：

选课单

_____学年第_____学期

姓名		性别		国别		专业	
课程	班别	周学时	学分	任课教师	教材		

年　　月　　日

第三课　慢慢就习惯了

热身话题

你来中国以后哪些地方感到不习惯？你是怎么做的？

大　卫：　玛丽，几天没见，你好像瘦了？
玛　丽：　是瘦了点儿。
大　卫：　怎么了？是不是第一次出远门儿，有点儿想家？
玛　丽：　哪儿啊，我刚来中国，很多地方还不大习惯。
大　卫：　我知道了，一定是早上八点上课，起不来。
玛　丽：　真让你说对了。
大　卫：　晚上娱乐活动少，又没有朋友在一起聊天儿，电视也看不懂，除了学习就是睡觉。
玛　丽：　你怎么知道得那么清楚？
大　卫：　我刚来的时候，跟你一样。不瞒你说，来中国的第一个月，我的体重一下子减了三公斤。
玛　丽：　这么说我比你还强点儿？

大　卫：	你比我强多了。很多人刚来的时候都不太适应，慢慢就习惯了。
玛　丽：	还有，很多中国人有午休的习惯，有时候我想找朋友或者去办公室，都找不着人，真觉得不方便。
大　卫：	我来中国时间长了，有时中午也睡一会儿。
玛　丽：	怪不得中午看不到你，原来你躲在宿舍里睡大觉。
大　卫：	你中午可以出去转转啊！我有时候也去学校附近的商场买点儿东西，商场中午人比较少。
玛　丽：	可我没有自行车啊！
大　卫：	你可以走着去嘛！商场离学校不远。中国有句俗话："饭后百步走，能活九十九。"
玛　丽：	那你有空儿带我去一趟好吗？有的商场售货员说话挺快的，还有口音，我听不懂。
大　卫：	你不用怕，慢慢就习惯了。
玛　丽：	我最怕课间的时候在校园里走路，有的人骑车带着人，在人群里钻来钻去，有时候冲着你就过来了。遇上这种人，你说该怎么办？
大　卫：	这个嘛……，你慢慢就习惯了。
玛　丽：	对我来说，最不习惯的是跟一个有不同生活习惯的人住同一个房间。我睡得早，她睡得晚，可开着灯我就睡不着。
大　卫：	这个嘛……
玛　丽：	你慢慢就习惯了。
大　卫：	
玛　丽：	我就知道你会说这句。

词 语

1	瘦	shòu	（形）	thin; slim
2	娱乐	yúlè	（名）	entertainment; pleasure
3	聊天儿	liáo tiānr		to chat
4	瞒	mán	（动）	to hide the truth from; to conceal
5	体重	tǐzhòng	（名）	(body) weight
6	强	qiáng	（形）	better
7	适应	shìyìng	（动）	to adapt; to suit; to fit
8	午休	wǔxiū	（动）	noon break; lunch hour
9	怪不得	guàibude	（副）	no wonder; so that's why
10	原来	yuánlái	（副）	(indicating discovery of the truth) so; as it turns out to be
11	躲	duǒ	（动）	to hide (oneself)
12	嘛	ma	（助）	(indicating giving advice, or a pause in a sentence)
13	俗话	súhuà	（名）	proverb; popular saying
14	有空儿	yǒu kòngr		to have time; to be free
15	（一）趟	(yí) tàng	（量）	(a measure word for a trip)
16	口音	kǒuyīn	（名）	accent
17	课间	kèjiān	（名）	break (between classes); recess
18	钻	zuān	（动）	to make one's way into
19	冲	chòng	（介）	towards; facing
20	遇上	yùshang	（动）	to meet; to run into; to come across

注 释

1. 出远门儿

    到远离家乡的地方去。

2. 饭后百步走，能活九十九

    俗语。指吃饭后适当地活动活动，比如散散步，对身体健康有好处。

语句理解

1. **不瞒你说**

   插入语，用于对信任的、比较亲近的人说一些不敢、不好意思或不想在大家面前说的话之前，相当于"说实话""说真的"。比如：

   甲：你今天吃得很少。

   乙：不瞒你说，我现在正在减肥。

2. **这么说**

   用于对话中，引出对对方所说的话作出的判断。比如：

   甲：老师刚才打电话来，说他病了。

   乙：这么说，今天不上课了？

3. **对我来说**

   "对……来说"表示从某人或某事的角度来看。比如：

   （1）对外国人来说，这个饭馆儿的菜太油了。

   （2）对你来说，汉语什么方面最难？

   （3）对学一门语言来说，更不能急于求成。

4. **我就知道你会说这句**

   "我就知道……"表示自己对事情的结果早有预感。比如：

   甲：我们的足球队输了。

   乙：我就知道我们会输，对方是全市冠军队啊。

练 习

一 用正确的语调朗读下面的对话：

1. 甲：几天没见，你好像瘦了？

   乙：是瘦了点儿。

2. 甲：是不是第一次出远门儿，有点儿想家？
   乙：哪儿啊，我刚来中国，很多地方还不大习惯。

3. 甲：这么说我比你还强点儿？
   乙：你比我强多了。

4. 甲：我来中国时间长了，有时中午也睡一会儿。
   乙：怪不得中午看不到你，原来你躲在宿舍里睡大觉。

5. 甲：我没有自行车啊！
   乙：你可以走着去嘛！

6. 甲：这个嘛……，你慢慢就习惯了。
   乙：我就知道你会说这句。

二 替换画线部分的词语：

1. 你比我强多了。
   高
   瘦
   漂亮

2. 你可以走着去嘛！
   站　吃
   躺　听
   坐　说

3. 售货员说话挺快的。
   我的杂志　　多
   这本书　　　难懂
   这个电影　　有意思

4. 在人群里　钻来钻去
   花园里　跑　跑
   房间里　走　走
   水里　　游　游

三 朗读下面的对话，然后用括号里的语句再做一个对话练习：

1. 甲：你对音乐很感兴趣吧？
   乙：（真让你说对了），我从小就喜欢弹钢琴。

2. 甲：我知道抽烟不好，可没办法，已经习惯了。
   乙：（不瞒你说），我和你一样。

3. 甲：北京的冬天挺冷的，得多准备点儿衣服。
   乙：（这么说），我该去买件棉（mián）衣了。

4. 甲：他在中国学了四年汉语。
   乙：（怪不得）他的汉语那么好。

5. 甲：小王说他感冒了，今天来不了。
   乙：（我就知道）他会生病，他的身体可不好了。

四 请你说说：

1. 谈谈你的生活习惯。
2. 你们国家的人有哪些生活习惯和中国人不一样？

五 讨论：在下面的情况下，你会怎样做？

1. 当你觉得寂寞（jìmò）的时候。
2. 当你遇到饮食不合口味的时候。
3. 你的同屋喜欢热闹，但你喜欢安静。
4. 你的同屋睡得太晚，影响（yǐngxiǎng）你休息。

六 辩论：

睡午觉的利与弊（bì）。

第四课　你能不能帮我找一个辅导老师？

热身话题

1. 你需要找一个辅导老师吗？为什么？
2. 如果你想找一个辅导老师，你想找什么样的？为什么？

大　卫：　玛丽，开学两个星期了，学习方面你觉得怎么样？跟得上吗？

玛　丽：　还可以，老师讲的我差不多都能听懂，可是很多词语我不会用，所以急得要命。你能不能帮我找一个辅导老师？

大　卫：　你想找什么样的呢？老师还是大学生？

玛　丽：　我也说不好，你给我出个主意吧。

大　卫：　找老师和找大学生各有利弊：老师对你在课堂上学的内容比较了解，辅导的时候更有针对性，不过辅导费高一些；如果你只想复习上课学过的内容或是做一些练习，找个大学生或者研究生就行了，这样收费也不高，另外，有些中国学生喜欢和外国学生互相辅导，双方都不用付费。

玛　丽：　听你这么一说，我真不知道该怎么办了。

大　卫：我建议你先找个研究生，互相辅导吧。我的中国朋友很多，我帮你找。
玛　丽：那你快去吧！现在就去！
大　卫：看把你急得！等着吧，一有消息我就来告诉你。

（几天以后，大卫和王峰来到玛丽的宿舍）

王　峰：玛丽，听大卫说，你想找个研究生互相辅导？
玛　丽：是啊，找到了吗？我都等不及了。
大　卫：我找到了一个，可是不知道你满意不满意。
玛　丽：你还没告诉我他是谁呢。
大　卫：是个男的，历史系的。
王　峰：他也喜欢打篮球，跟我一样。
玛　丽：真的？我什么时候可以见到他？
王　峰：如果你想见他的话，现在就可以。
玛　丽：那还等什么？咱们现在就赶快走吧！
大　卫：用不着走，他已经来了。
玛　丽：来了？在哪儿？
大　卫：远在天边，近在眼前。
玛　丽：远在天边，近在……你是说，王峰？
王　峰：怎么样？我够不够资格？
玛　丽：当然够了！听大卫说，你是系里的高才生，我只怕辅导不了你呢。
王　峰：帮我练练日常会话，对你来说不难吧？
玛　丽：那就这么定了！
大　卫：哎，玛丽，我帮了你的大忙，你怎么谢我？

中级汉语口语 1 INTERMEDIATE SPOKEN CHINESE

词 语

1	辅导	fǔdǎo	（动）	to give guidance in study; to tutor; to coach
2	跟上	gēnshang		to catch up with; to keep pace with
3	要命	yào mìng		to an extreme degree; extremely; terribly
4	各有利弊	gè yǒu lì bì		each has its own advantages and disadvantages
5	针对性	zhēnduìxìng	（名）	with a clear aim
6	互相	hùxiāng	（副）	each other
7	该	gāi	（助动）	should
8	建议	jiànyì	（动、名）	to suggest; suggestion
9	消息	xiāoxi	（名）	information; news
10	等不及	děngbují	（动）	can not wait any longer
11	满意	mǎnyì	（动）	to be satisfied
12	赶快	gǎnkuài	（副）	at once; hurriedly; quickly
13	用不着	yòng bu zháo		not need; to have no use for
14	眼前	yǎnqián	（名）	before one's eyes
15	够	gòu	（动）	to reach or be up to (a certain standard); to be qualified
16	资格	zīgé	（名）	qualification
17	高才生	gāocáishēng	（名）	brilliant student; whiz kid; top of a class
18	日常	rìcháng	（形）	daily; routine
19	定	dìng	（动）	to decide; to fix
20	帮忙	bāng máng		to help; to give or lend a hand; to do a favour

注 释

远在天边，近在眼前

指要找的人或事物就在面前。

语句理解

1. **急得要命**

"……得要命"表示程度达到极点。比如：

疼得要命　　气得要命　　紧张得要命　　高兴得要命　　喜欢得要命

22

2. 说不好

   不能准确地说明或解释。比如：

   甲：在哪儿买电脑最便宜？

   乙：我也说不好，你最好多去几个商店看看。

3. 听你这么一说

   根据对方的话作出推论或者判断。比如：

   （1）甲：最近实在太忙，我的身体也不太好。

   乙：听你这么一说，你是不想去旅行了？

   （2）甲：那个饭馆儿菜又差，服务态度又不好。

   乙：听你这么一说，真不能去那个饭馆儿吃饭了。

4. 看把你急得

   "看把你……得"表示说话人觉得对方的某种行为过度或感情过分外露。比如：

   （1）看把你忙得！星期六还工作？

   （2）甲：我拿到奖学金了！

   乙：真的？看把你高兴得！

5. 那还等什么

   "什么"用在动词或形容词后，表示否定，有不满的语气，相当于"不""不要"。比如：

   跑什么　　怕什么　　你知道什么　　躲什么

   高兴什么　　干净什么　　吃力什么　　瘦什么

练 习

一 朗读下面的句子，注意重读加点的词语：

1. 我也说不好，你给我出个主意吧。
2. 听你这么一说，我真不知道该怎么办了。
3. 那你快去吧！现在就去！
4. 看把你急得！

5. 那还等什么？咱们现在就赶快走吧！
6. 帮我练练日常会话，对你来说不难吧？
7. 就这么定了！

二 替换画线部分的词语，然后把替换后的短语用于会话中：

1. <u>急</u>得要命
   热
   难看
   高兴

2. 看把你<u>急</u>得
   吓（xià）
   得意
   紧张

3. <u>一有消息就来告诉你</u>
   学   会
   解释   明白
   讲   没个完

4. <u>等</u>什么
   喊
   笑
   客气

5. <u>用不着走</u>
   买那么多
   问办公室
   准备

三 朗读下面的对话，然后用括号里的语句再做一个对话练习：

1. 甲：这些题老师会不会考？
   乙：（我也说不好），你还是全都复习复习吧。

2. 甲：假期你打算去哪儿？
   乙：我还没想好，（你给我出个主意吧）。

3. 甲：她们两个都想让你辅导。
   乙：是吗？（我真不知道该怎么办了）。

4. 甲：该上课了，我得赶紧走。
   乙：（看把你急得），连早饭也不吃了？

5. 甲：我明天教你打太极拳吧。
   乙：咱们现在就开始吧，（我都等不及了）。

6. 甲：七点去长城太早，八点出发怎么样？
   乙：（就这么定了），八点我来找你。

四 根据所给的情景选用下面的句式或语句对话：

……得要命	你能不能帮我……	我也说不好
你给我出个主意吧	听你这么一说	我真不知道该怎么办
我建议你……	一……就……	听……说

1. 你听不懂老师讲的课。
2. 你旅行时买了很多东西，拿不了。
3. 你身体不舒服。
4. 你丢了学生证。

五 成段表达：

假设你需要请人辅导，请你说出需要辅导的内容以及对辅导老师的要求。

六 大家谈：

谈谈你现在的学习情况。

口语知识（一）

1 上声（三声）的变调

上声变调是汉语发音中最常见的变调现象之一。外国人学习汉语，一般要从"你好"学起。"你"和"好"单念时都是上声字，当我们把它们组合到一起连读时，前面的上声字"你"的读音就接近于阳平（二声）了。这样的例子我们可以找出很多。综合分析，主要有以下几种情况：

（1）由两个上声字组成的双音节词。比如：

> 打扰　好久　辅导　赶紧　尽管　古老　了解　理想

这些双音节词的前面那个上声字都读得接近阳平。

（2）两个读上声的单音节词在句中组合到一起。比如：

> ① 我想让你大吃一惊。
> ② 你有什么事？
> ③ 我对中国历史很感兴趣。
> ④ 我也在历史系学习。

请注意上述例句中带点儿的字，一般来说，位置在前的那个上声字也应读如阳平。

（3）三个上声字在句中组合到一起。比如：

> ① 找辅导。
> ② 你比我强多了。
> ③ 以后还得请你多多帮助。
> ④ 洗脸水。

这一类情况比较复杂，有多种读法，要根据说话的速度、着重点以及字和字之间结合得松紧来确定。一般来说，如果三个上声字的后两个字在意义上连接紧密,那么这三个上声字可以按"上声＋阳平＋上声"来读,如"找辅导";如果是前两个上声字在意义上连接紧密,那么就可以读成"阳平＋阳平＋上声",如"洗脸水"。

(4)一个上声字和一个失去原有调值变为轻声字的上声字组合到一起,这时候前面的上声字有两种变调读法:

① 读成半上声(不是完全的上声)。比如:

马虎　耳朵　椅子　饺子　奶奶　姐姐

② 读如阳平。比如:

小姐　打扫　手里　可以　想想

2 "一"和"不"的变调

在实际说话中,"一"和"不"在与其他音节连接时,会发生一种有规律的变调现象。

(1)"一"的变调:

"一"的本调是阴平(一声),它在单独使用、用在词句末尾或作为序数"第一"的省略时,仍读阴平。比如:

一　二十一　第一　初一　一班(第一班)

在下面几种情况下,"一"会发生变调现象:

① 在去声(四声)字前念成阳平(二声)。比如:

一样　一下子　一座　一位　一次　一块儿

② 在阴平(一声)、阳平(二声)、上声(三声)字前念成去声(四声)。比如:

大吃一惊　一般　一年　一门　一口　一起　一种

③ 夹在重叠动词中间时念轻声。比如：

> 试一试　想一想　看一看

④ 用在动词、形容词与量词中间，不强调数量时，一般也读轻声。比如：

> 去一趟　认识一下儿　好一点儿　贵一些

（2）"不"的变调：

"不"的本调是去声（四声），单独使用、用在词句末尾或用在非去声字前时，仍读去声。比如：

> 不！　我不！　就不！
> 不高　不知道
> 不同　不习惯　不瞒你说
> 不少　不好　不满意

在下面几种情况下，"不"会发生变调现象：

① 在去声（四声）字前念成阳平（二声）。比如：

> 不要　不错　不是　不在　不认识

② 用在动补结构的词语中间或相同词语中间时念轻声。比如：

> 起不来　说不定　用不着　睡不着　差不多　等不及
> 能不能　会不会　贵不贵　认识不认识

练 习

一 准确读出下面的词语或句子：

友好	水果	讲演	广场
勇敢	姥姥	展览	雨伞
洗洗澡	小老虎	老领导	
等等我	买手纸	写感想	

有请李小姐。

你买几两水饺？

我想请你给我姐姐辅导。

二 朗读下面的句子，注意"一"和"不"的读音：

1. 你们一周上多少节课？
2. "十一"你们放几天假？
3. 他们俩一前一后走进教室。
4. 大家说一说，有什么好办法？
5. 你去拿一把椅子来。
6. 我的孩子在北京一中上学。
7. 对你的要求，我只能回答："不！"
8. 这里的天气不冷不热。
9. 这次旅行你去不去？
10. 那本书哪儿都买不着。
11. 这两双鞋颜色不一样。
12. 我们学的不是一本书。
13. 他一不懂就问老师。

三 下列词语中，哪些"一"和"不"该读轻声？

| 等一下儿 | 找一找 | 第一次 | 差一点儿 | 只会一句 |
| 我不去 | 找不着 | 用不了 | 都不会 | 满意不满意 |

口语常用语（一）

1 问候与寒暄

见面打个招呼，互相问候几句，这是人之常情。不过，和不同的人打招呼，所用的问候语有时候是不同的。与中国人见面，说句"你好"，是最常见的问候方式，但在领导、长辈、客人面前，就应该把"你"换成"您"。如果见面的时间是早晨，可以说"你（您）早""早上好"；比较熟悉的人，早上见面的时候，常常要寒暄（xuān）几句，下面是几段早上见面时的对话：

> （1）甲：起来啦？
> 　　乙：刚起。
> （2）甲：这么早就起来啦？
> 　　乙：今天早上有课，没办法。你起得也够早的呀！
> 　　甲：起来活动活动。
> （3）甲：今天真够冷的。
> 　　乙：是啊，多穿点儿，别着凉。
> （4）甲：昨晚睡得好吗？
> 　　乙：还可以。你睡得挺晚吧？
> 　　甲：是啊，开夜车，写点儿东西。

中国人朋友之间除了用"你好"来问候以外，对很熟的人也往往根据见面的时间、地点做出带有某种判断的习惯性问候。比如，双方在早上、中午、晚上吃饭的时间见面了，一般会问："吃了吗？"晚上很晚见到了，也许就会问一句："还没睡？"下面是几段朋友之间常用的问候语：

> （1）甲：出去啊？
> 　　乙：啊，我去买点儿东西。
> （2）甲：上课去？
> 　　乙：我上午没课，去趟商店。你有课吗？
> 　　甲：今天六节呢！

（3）甲：吃过啦？
　　乙：刚吃完。你呢？
　　甲：还没呢。
（4）甲：你周末去哪儿了？
　　乙：哪儿也没去。

上面这些对话都是熟人之间的问候形式，问话人并不需要对方做出准确的回答。当朋友见到你，随意地问一句"去哪儿"时，他并不一定是真的想要知道你去哪里；而你如果不想告诉他你要去的地方，你完全也可以随意说一句"出去一下儿"或者"有点儿事"就行了，这并不是失礼，对方也不会在意。

如果朋友之间很长时间没有见面了，见面时常常要多说几句。比如：

（1）甲：好久没见了，最近忙吗？
　　乙：还行。你们那儿怎么样？
　　甲：我这段时间挺忙的。
　　乙：别太累了，注意身体。
（2）甲：最近一直没见到你，上哪儿了？
　　乙：到南方旅行去了。
　　甲：怎么样？有意思吗？
　　乙：挺不错，不过累得要命。
　　甲：好好休息休息吧！
（3）甲：好久没见了，忙什么呢？
　　乙：快考试了，忙着复习呢！你们考完了吗？
　　甲：没呢，下星期考。
（4）甲：回来啦？家里怎么样？
　　乙：还那样。
　　甲：在家里待了几天？
　　乙：四五天。你假期没出去？
　　甲：旅行了几天，其他时间在宿舍睡觉。你看我是不是胖了？

2 介绍与自我介绍

初次见面，总是希望知道对方的姓名以及身份，也希望对方了解自己，于是常有这样的对话：

> （1）甲：您贵姓？
> 　　乙：我姓李。（如果回答"免贵姓李"则更正式和文雅）
> （2）甲：你好，我叫玛丽，从美国来的。
> 　　乙：你好，我姓田中，是日本留学生。
> （3）甲：您是美国来的布什先生吧？
> 　　乙：是啊，请问您是……
> 　　甲：我是长城计算机公司的王平，公司派我来接您，这是我的名片。
> 　　乙：谢谢，很高兴认识您。

有时候，见面双方相互之间不认识，需要有一个中间人来介绍，介绍人可以根据被介绍人的身份，选用正式的或轻松一些的介绍方式和用语。比如：

> （1）我来介绍一下儿，（对甲）这位是我们公司的经理，（对乙）这位是我的汉语老师。
> （2）来，认识一下儿，（对甲）这是我的同屋山本，（对乙）这是我的中国朋友小张。
> （3）你们还没见过面吧？（对甲）他是我的男朋友田中，（对乙）田中，这是我妹妹。
> （4）玛丽，这就是我跟你提起过的李阳。

有时候，要把某人介绍给大家，特别是在会议上向大家介绍，这样的介绍一般就比较隆重了：

> （1）女士们，先生们，首先，请允许我把出席这次会议的来宾介绍给大家。
> （2）各位老师，各位同学，我把出席我们这次宴会的校领导向大家介绍一下儿。
> （3）各位朋友，出席今天晚会的有：市长的特别代表钱大中先生，公司的董事长赵杰先生，还有总经理汪荣女士。
> （4）今天，我们荣幸地请到了几位著名演员来和大家见面，我来给大家介绍介绍。

也许，你很想认识某人，可是无人介绍，你也可以主动一点儿，提出自己的要求。比如：

> （1）我很想认识中文系的孙教授，你能把我介绍给他吗？
> （2）这位姑娘是谁呀？怎么也不给我们介绍介绍？
> （3）我们还没见过您的夫人呢，什么时候给我们介绍介绍？

如果，你忘了自己应作的介绍，那就该向人家道歉了：

> （1）非常抱歉，我刚才忘了自我介绍了。我叫玛丽，是美国留学生。
> （2）对不起，我忘了给你们介绍了，这是我爱人，这是……

第五课　你出门喜欢坐什么车啊？

热身话题

1. 在中国，你看到过哪些交通工具？
2. 在中国，你坐过什么车？你喜欢坐什么车？
3. 在你们国家，人们使用最多的交通工具是什么？

（一）真不知道坐什么车好

王　峰：　玛丽，你来这儿快一个月了，都去过哪儿了？

玛　丽：　就在学校附近转了转。其实，我哪儿都想去看看，可是一上街，各种各样的车都有，我都看花眼了，真不知道坐什么车好。我到现在除了出租汽车，还没敢坐别的车呢。

王　峰：　嗨！学校门口能坐的车多的是，拿公共汽车来说吧，有专线车、空调车、无人售票车、双层车……咱们学校门口的车站有十几个站牌呢。这些车你都可以坐啊！

玛　丽：　就是因为车太多了，我才不敢坐。比如我想去动物园，我哪儿知道该坐什么车啊？

王　峰：	你查地图啊，地图上有公交线路图。
玛　丽：	别提了，线路图我越看越糊涂，找到起点，找不到终点，更不知道在哪儿换车。
王　峰：	说实在的，现在新开的线路多，有的我也不那么清楚。不行你就多问问别人吧。
玛　丽：	你刚才说有一种"无人售票车"，坐这种车怎么买票？
王　峰：	坐无人售票车，你要刷公交卡，或者准备好零钱，上车把钱放到钱箱里就行了。
玛　丽：	万一我上车才发现，我只有一百块的，那怎么办？
王　峰：	那可惨了，只好找人换了，一般来说车上不找钱。
玛　丽：	你出门喜欢坐什么车啊？
王　峰：	我最喜欢坐地铁，地铁不堵车，又快又便宜。
玛　丽：	其实我也喜欢坐地铁，可惜咱们学校这里不通地铁。
王　峰：	马上就要通了，那时候去哪儿都方便了。
玛　丽：	那我要想去郊区玩儿，坐什么车？
王　峰：	坐长途汽车，或者坐直达风景区的旅游专线车。到了风景区，说不定你还能找辆牛车、马车来坐坐呢。

（二）　你可以打车去啊

玛　丽：	王峰，我听说城南有个自然博物馆，这个周末我想去那儿看看，你知道怎么坐车吗？
王　峰：	你可以打车去啊。
玛　丽：	要是打车我就不用问你了。
王　峰：	其实自然博物馆离这儿并不远，只不过坐公共汽车去有点儿麻烦，中间得倒一次车。出校门坐19路到终点站，然后换24路，在"自然博物馆"站下车，再往东走二百米左右就到了。
玛　丽：	我的天啊，这么麻烦！要是我一个人去，非迷路不可。
王　峰：	你要是能借一辆自行车就好了，骑车去用不了半个小时。

玛 丽： 借车不难，可就算是有了车，我还是不知道怎么走啊。我这个人，不认路，一出门就分不清东南西北。

王 峰： 这样吧，我家离那儿不远，我周末回家的时候可以顺路带你去。不过这次你得记路，不然你可回不来了！

词　语

1	交通工具	jiāotōng gōngjù		means of transport
2	其实	qíshí	（副）	actually
3	专线	zhuānxiàn	（名）	special bus line
4	空调	kōngtiáo	（名）	air-conditioner
5	站牌	zhànpái	（名）	bus information board
6	查	chá	（动）	to check
7	线路	xiànlù	（名）	line; route
8	糊涂	hútu	（形）	confused; muddled
9	起点	qǐdiǎn	（名）	starting station; starting point
10	终点	zhōngdiǎn	（名）	terminal; destination
11	实在	shízài	（形）	honest; true
12	刷（卡）	shuā (kǎ)	（动）	to swipe (a magnetic card)

13	事先	shìxiān	（名）	in advance; beforehand
14	万一	wànyī	（副）	in case
15	惨	cǎn	（形）	miserable; pitiful; tragic
16	只好	zhǐhǎo	（副）	have to
17	地铁	dìtiě	（名）	subway; metro
18	堵车	dǔ chē		traffic jam
19	可惜	kěxī	（形）	pitiful
20	通	tōng	（动）	to have transport service
21	郊区	jiāoqū	（名）	suburb
22	长途	chángtú	（名）	long distance
23	直达	zhídá	（动）	to arrive directly; nonstop
24	说不定	shuōbudìng	（副）	perhaps; maybe
25	倒（车）	dǎo (chē)	（动）	to change (buses); to change (trains)
26	非……不可	fēi……bùkě		simply must; have to; to be sure
27	迷路	mí lù		to lose one's way
28	就算（是）	jiù suàn (shì)		even if
29	顺路	shùn lù		on the way
30	不然	bùrán	（连）	otherwise

注释

1. 看花眼

    因为喜欢的人或事物太多而无法选择。

2. 打车

    指坐出租汽车，一些人也说"打的（dī）"。

3. 我的天啊

    人在遇到或听到令人吃惊或害怕的事情时发出的惊叹语。

语句理解

1. 多的是

    强调数量多。比如：

    （1）我家里的中文书多的是。

（2）甲：有京剧的录音吗？

乙：多的是，你随便选。

2. **拿公共汽车来说**

"拿……来说"常用于以某人或某事物举例。比如：

（1）不是每个人都喜欢唱歌的，拿我来说，就从来不去歌厅。

（2）中国的自行车很多，拿我们这座城市来说，几乎每个人都有一辆。

3. **别提了**

多用于表示对不满意的情况不想多谈。比如：

甲：你的新家怎么样？

乙：别提了，暖气不热，水管还漏（lòu）水。

4. **说实在的**

插入语，一般用在不好意思说或本来不想说的话之前。比如：

（1）说实在的，我挺喜欢那个女孩子的。

（2）这工作这么辛苦，说实在的，我真不想干了。

5. **这样吧**

用于给别人提出建议之前。比如：

甲：请问，玛丽在吗？

乙：她刚出去。这样吧，你先坐坐，我帮你叫她。

练 习

一 用正确的语调朗读下面的句子，说说句子中"哪儿"的意思有什么不同：

1. 都去过哪儿了？
2. 我哪儿都想去看看。
3. 我哪儿知道该坐什么车啊？
4. 找到起点，找不到终点，更不知道在哪儿换车。
5. 马上就要通了，那时候去哪儿都方便了。

二 替换画线部分的词语：

1. 我哪儿知道该<u>坐什么车</u>啊
   - 给谁
   - 买什么
   - 去哪儿
   - 怎么写

2. 越<u>看</u>越<u>糊涂</u>
   - 写　　乱
   - 听　　奇怪
   - 想　　不明白
   - 解释　不清楚

3. <u>去哪儿都方便</u>
   - 穿什么　漂亮
   - 吃多少　可以
   - 问谁　　行
   - 怎么去　能到

4. 要是<u>我一个人去</u>，非<u>迷路</u>不可。
   - 开得太快　　出事
   - 他不来　　　输（shū）
   - 爸爸知道了　骂（mà）我
   - 你不写下来　忘了

5. <u>骑车去</u>用不了<u>半个小时</u>
   - 吃顿饭　　一百块钱
   - 搬桌子　　那么多人
   - 修车　　　几分钟
   - 写信　　　多长时间

三 用指定的语句完成对话：

1. 甲：请问，这儿有中国历史方面的书吗？
   乙：_____。（多的是）

2. 甲：你们国家开车上班的人多吗？

   乙：＿＿＿＿＿＿＿＿＿＿＿＿＿＿＿。（拿……来说）

3. 甲：这次考试你考得怎么样？

   乙：＿＿＿＿＿＿＿＿＿＿＿＿＿＿＿。（别提了）

4. 甲：咱们一起去唱卡拉OK吧。

   乙：＿＿＿＿＿＿＿＿＿＿＿＿＿＿＿。（说实在的）

5. 甲：我头疼得厉害，可能感冒了。

   乙：＿＿＿＿＿＿＿＿＿＿＿＿＿＿＿。（这样吧）

四 朗读下面的对话，然后模仿进行乘车会话表演：

1. 在公共汽车上

售票员：　上车的乘客请刷卡，没卡的乘客请买票。
乘　客：　劳驾，我买票。从百货大楼到动物园多少钱？
售票员：　一块一张。
乘　客：　我买两张。
售票员：　两张两块。

2. 乘出租汽车

乘　客：　师傅，市中心去吗？
司　机：　去，上车吧！
……
乘　客：　师傅，过前边那个路口就到了。
司　机：　是那个白楼吗？
乘　客：　是，停在楼前就行了。
司　机：　一共三十八块。给您收据。

五 根据所给的话题选用下面的词语或句式会话：

说不定　这样吧　只好　不然　多的是　说实在的　拿……来说
看花眼　万一　　其实　就算　别提了　我的天啊　非……不可

1. 一次乘车经历。
2. 对减价商品的看法。

六　说说看：

你见过下面这些车吗？说说这些车的特点。

七　请你谈谈：

你们国家在交通管理方面，有哪些成功的经验和存在的问题？

补充材料

趣味对话二则

一、我一出门就分不清东南西北了

过路人问一位老人："请问，哪儿卖充值（chōngzhí）卡？"

老人回答："不远，你往东走，到了前面的十字路口往南拐，再往西拐，路北边的商店就有卖的。"

过路人："您还是告诉我往左还是往右吧，我一出门就分不清东南西北了。"

二、还在中门下

乘　客：　劳驾,我买一张票。

售票员：　哪儿上的?

乘　客：　中门上的。

售票员：　我问你是在哪一站上的!

乘　客：　刚上的。

售票员：　哪儿下?

乘　客：　还在中门下。

售票员：　……!!!

第六课　我想给朋友打个电话

热身话题

1. 你的手机有哪些功能？
2. 你常用什么方法跟朋友联系？每种方法各有什么利弊？

（一）请问哪儿卖充值卡？

玛　　丽：　劳驾，你能帮帮我的忙吗？

过路人：　你有什么事？

玛　　丽：　我想给朋友打个电话，可是我的手机没钱了。请问，哪儿卖充值卡？

过路人：　前边的邮局就卖。不过，这么晚了，邮局早就下班了吧？

玛　　丽：　那可怎么办啊？我有急事啊！

过路人：　离这儿不远，有个报刊亭，那儿也卖充值卡。

玛　　丽：　在哪儿？

过路人：　你顺着我指的方向看，那家快餐店旁边就是。

玛　　丽：　是那个报刊亭啊，我刚从那边过来，那里现在没人。

过路人：那你就得多走几步了，前面有个胡同，我记得那儿有个小卖部，门口挂着"公用电话"的牌子……不对，那儿的房子好像拆了。

玛　丽：怎么都让我赶上了？今天运气太不好了！

过路人：是啊，我看你还是用我的手机打吧……哎呀，我的手机没电了！

（二）请他给我回个电话

（李阳给大卫和田中合租的公寓打电话）

李　阳：请问，大卫在吗？

田　中：他有事出去了，请问您是哪位？

李　阳：我是李阳，大卫是我们学英语小组的辅导老师。我们有急事找他，可他的手机一直占线。请问他什么时候回来？

田　中：这可说不好。

李　阳：要是他回来了，请他给我回个电话，我的电话他知道。

田　中：好的。不过……要是他回来太晚呢？

李　阳：那……请你转告他，我们明天有个会，英语小组学习活动得改期，想跟他商量一下，看看改在什么时候合适。

田　中：我一定转告。

李　阳：那就麻烦你了。再见！

（三）有事你就给我发微信

玛　丽：王峰，找你可真费劲，几次给你打电话，你要么不接，要么关机，急死我了。

王　峰：我每天上午都有课，上课的时候当然接不了电话啊。

玛　丽：那我什么时候给你打电话方便？

王　峰：下午有的时候也有课，一般三点以后就没事儿了。另外，你可以给我发短信啊。

玛　丽：想问汉语问题的时候，写短信说不清楚。

王　峰：那我教你用微信吧，微信又能写又能说，比短信方便。你先下载一个软件，然后……然后……看，这样就行了。

玛　丽：我先试试跟你打个招呼。

王　峰：以后有事你就给我发微信，这样联系更方便，也比发短信便宜多了。

玛　丽：这样好，省得打电话没人接，发短信又太麻烦。

词　语

1	充值	chōng zhí		to top-up; to recharge
2	过路人	guòlùrén	（名）	passer-by
3	报刊	bàokān	（名）	newspapers and periodicals
4	亭	tíng	（名）	stall
5	顺	shùn	（介）	along; in the same direction as
6	指	zhǐ	（动）	to point to
7	快餐店	kuàicāndiàn	（名）	fast-food restaurant
8	胡同	hútòng	（名）	*hutong*; alley
9	挂	guà	（动）	to hang
10	牌子	páizi	（名）	sign

11	拆	chāi	（动）	to pull down
12	小组	xiǎozǔ	（名）	group
13	占线	zhàn xiàn		the line is busy
14	回（电话）	huí (diànhuà)	（动）	to call back
15	转告	zhuǎngào	（动）	to pass on a message to sb.
16	改期	gǎi qī		to change the date
17	费劲	fèi jìn		difficult; to exert much effort
18	接（电话）	jiē (diànhuà)	（动）	to pick up (the phone)
19	关机	guān jī		to shut; to turn off
20	短信	duǎnxìn	（名）	short message
21	下载	xiàzài	（动）	to download
22	软件	ruǎnjiàn	（名）	software
23	联系	liánxì	（动）	to contact
24	省得	shěngde	（连）	so as to avoid

注 释

微信

是快速与人联系的一种手机社交软件，可以通过快速发送文字和照片、多人语音对讲等丰富的方式与好友进行联系。微信软件本身完全免费，因更加灵活、方便、智能，且节省资费而受到大家的喜欢。

语句理解

1. 怎么都让我赶上了

"让……赶上了"表示某人正巧遇上某事。比如：

（1）甲：你怎么买这么多书？

乙：今天书店优惠，让我赶上了。

（2）很多年没下过这么大的雪了，今天偏偏让我赶上了。

2. 要么不接，要么关机

"要么……要么……"表示对两种情况或者两种意愿进行选择。比如：

（1）要么看电影，要么逛商店，你来决定一下。

（2）要么他来，要么我去，不管怎么样，今天我们都要见面谈一谈。

3. 急死我了

"……死我了"多用在单音节动词或形容词后面，表示程度很高，多用于不好的事情。

比如：

气死我了！　累死我了！　吓死我了！

练习

一 用正确的语调朗读下面的句子，并替换画线的词语：

1. 劳驾，你能<u>帮帮我的忙</u>吗？
2. <u>邮局</u>早就下班了吧？
3. <u>那家快餐店旁边</u>就是。
4. 我记得那儿有个<u>小卖部</u>。
5. 请他给<u>我</u>回个电话。
6. 请你转告他，<u>明天的英语小组学习活动得改期</u>。
7. <u>找你</u>可真费劲。
8. 有事你就给<u>我发微信</u>。

二 朗读下面的句子或对话，学会用画线的语句说话：

1. 甲：老板，你太太来电话，说家里着火了，孩子也烧伤（shāoshāng）了。
   乙：<u>怎么倒霉的事都让我赶上了</u>？

2. 甲：公司最近给我提了级，还奖励（jiǎnglì）我一套房子。
   乙：<u>怎么好事都让你赶上了</u>？

3. 甲：天气预报说明天有雪，我们还去爬山吗？
   乙：下雪天爬山比较危险，咱们<u>要么</u>改期，<u>要么</u>换一个旅游项目。

4. 甲：这种小电器只有这一件了，虽然有点儿毛病，可是不影响使用。
   乙：那你<u>要么</u>给我打个折，<u>要么</u>送我一些小商品。

5. 我的护照怎么也找不着了，急死我了。

6. 为了买这本书，我跑了十几个书店，累死我了。

三　完成下面的句子：

1. 你出国的时候多带点儿衣服，省得_____。
2. 多买点儿菜回来，省得_____。
3. 咱们还是在学校食堂吃饭吧，省得_____。
4. 买一个洗衣机吧，省得_____。

四　什么情况下能在电话中听到下面这种声音，说说这种电话的利弊：

"这里是64879324，我们现在外出，不能接电话，请您听到'嘟'的一声之后留言……"

五　读下面的一段笑话，说说你有没有遇到过类似的情况：

"您好，这里是'满意'电子公司。如果您想购买我们的产品，请按'1'；如果您要退货，请按'62037459759365631'；如果您对我们的产品满意，请按'2'；如果您对我们的产品不满意，请按'375928897526702645'。"

六　电话接力：

把学生分成甲乙两组，以接力的方式完成下面的打电话练习。

甲1：喂，是汉语学院办公室吗？
乙1：是啊，您找哪位？
甲2：我是……
乙2：……

七　画画说说：

边画图，边介绍电话的发展过程（样式、用途、使用方法等等）。

> 补充材料

笑话二则

一、那是他们的电话号码

笨笨：为什么历史书上那些名人的名字后面都有长长的一串数字呢？

聪聪：这你都不知道？那是他们的电话号码。

二、幸福

星星：点点，上星期来咱们学校唱歌的那个歌星你还记得吗？

点点：当然记得。她怎么了？

星星：她给我来电话了！

点点：真的吗？你真幸福啊！她说了些什么？

星星：她问我是不是"大力"。

点点：你当然不是。

星星：然后她说了一句"对不起，打错电话了"，然后就挂机了。

第七课　寄书比买书贵

热身话题

1. 你在中国寄过书吗？谈谈你寄书的经历。
2. 你有在网上买书的经历吗？
3. 你常收到包裹吗？取包裹的时候要带什么证件？有哪些手续？

（一）你得用专用的纸箱寄

玛　丽：　劳驾，我想把这些书寄到美国去。

营业员：　你这么包装可不行，还没到地方就散了。你得用专用的纸箱寄。

玛　丽：　在哪儿买纸箱？

营业员：　就在这儿。

玛　丽：　那麻烦你给我一个纸箱，帮我装一下。

营业员：　没问题。你这些书都是要寄走的吗？寄书比买书贵。

玛　丽：　是啊！有什么办法！

营业员：　好了，这下结实了，别说寄，就是从海上漂到美国去也没问题！

玛　丽：　要真是那样就太好了，我连邮费都省了。

营业员： 请把你的姓名、地址写在纸箱的左上角，收件人的姓名和地址写在右下角，然后把这张单子填一下。你想空运还是海运？

玛　丽： 海运需要多长时间？

营业员： 一个月到三个月。

玛　丽： 这么长时间？那空运呢？

营业员： 空运几天就到，不过邮费就更贵了。要是不着急的话，我看还是海运好。

玛　丽： 那就听你的，寄海运吧。

（二）选择货到付款比较合适

玛　丽： 王峰，你能帮我一个忙吗？

王　峰： 什么事？

玛　丽： 我的朋友喜欢我的课本，让我帮她买一本，可是我跑了好几家书店，都没买到。

王　峰： 你没试试在网上订书吗？网上书店书比较多，还可以送书到家，而且大部分书都能打折。

玛　丽： 你常在哪家网站买书？给我推荐一下。

王　峰： 我给你几个网址，在这些网站买书都没问题。你先试试。

玛　丽： 我在网上选了书以后，先付款还是货到后付款？

王　峰： 两种情况都有，不过对你来说，选择货到付款比较合适。

玛　丽： 一般要多长时间能送到？

王　峰： 有的很快，上午订书，下午就能收到，有的时间要长一些。

玛　丽： 我怎么知道书什么时候送到？

王　峰： 送货员会跟你联系的。

（三）过期不取可要罚款的

大　卫：　玛丽，你的包裹单。

玛　丽：　啊！是我妈妈寄来的。哎，这要到哪儿去取啊？

大　卫：　包裹单上写着呢！

玛　丽：　取包裹要带证件吗？

大　卫：　带上你的学生证大概就行了，要不，你把你的各种证件都带上吧。

玛　丽：　那好，现在正好有空儿，我拿了证件就去。

大　卫：　我看今天就算了，你还是明天再去吧。

玛　丽：　我明天没空儿啊。

大　卫：　可是你看看现在几点了？邮局马上就下班了，你现在去，说不定白跑一趟。

玛　丽：　你说得对，有空儿再取吧。

大　卫：　那你可别忘了，过期不取是要罚款的。

玛　丽：　你放心，妈妈寄来的东西我还能忘了取？里面一定有我爱吃的巧克力。

大　卫：　那可得分给我一点儿。

玛　丽：　真是个馋鬼！

词 语

1	专用	zhuānyòng	（动）	for special purpose
2	纸箱	zhǐxiāng	（名）	paper box
3	营业员	yíngyèyuán	（名）	clerk
4	包装	bāozhuāng	（动）	to pack
5	散	sǎn	（动）	come loose
6	装	zhuāng	（动）	to put in
7	结实	jiēshi	（形）	solid
8	漂	piāo	（动）	to float
9	省	shěng	（动）	to save
10	收件人	shōujiànrén	（名）	recipient
11	单子	dānzi	（名）	form; list
12	填	tián	（动）	to fill
13	空运	kōngyùn	（动）	air transportation
14	海运	hǎiyùn	（动）	sea transportation
15	货	huò	（名）	goods
16	付	fù	（动）	to pay
17	款	kuǎn	（名）	money; fund
18	订	dìng	（动）	to book
19	打折	dǎ zhé		discount; on sale
20	网站	wǎngzhàn	（名）	website
21	推荐	tuījiàn	（动）	to recommend
22	网址	wǎngzhǐ	（名）	Uniform Resource Locator, URL
23	过期	guò qī		to expire
24	罚（款）	fá (kuǎn)	（动）	to fine
25	包裹	bāoguǒ	（名）	parcel
26	证件	zhèngjiàn	（名）	certificate
27	白	bái	（副）	in vain; of no effect
28	馋鬼	chánguǐ	（名）	a person who eats too much(in jest)

注　释

馋鬼

"鬼"可用于人们对具有某种嗜好或某种性格特征的人的一种称呼，常用于骂人或开玩笑，如"烟鬼""酒鬼""胆小鬼""淘气鬼"等等。

语句理解

1. **有什么办法**

   反问句，表示无可奈何，没办法。比如：

   （1）甲：这些词都要记吗？

   　　　乙：有什么办法？考试都要考啊。

   （2）甲：这个活动一定要参加吗？

   　　　乙：有什么办法？不参加算旷课啊！

2. **这下结实了**

   "这下……了"表示由前面的事情引出后面的结果。比如：

   （1）我的钥匙找不着了，这下可糟了，我进不去门了。

   （2）甲：我给你找了一个辅导。

   　　　乙：这下可好了，写作文有人帮忙了。

3. **那就听你的**

   表示接受对方的建议。比如：

   （1）甲：我觉得那件衣服的颜色太深，不如这件好看。

   　　　乙：那就听你的，买这件吧。

   （2）甲：这个饭馆儿的铁板牛肉做得非常好，你可以尝尝。

   　　　乙：那就听你的，点一个铁板牛肉吧。

4. **……要不，你把你的各种证件都带上吧**

   "要不"是连词，相当于"或者"，说出另一种选择供人考虑。比如：

   （1）坐飞机去比较贵，要不咱们坐船去？

   （2）你生日我送你什么礼物好呢？耳环？要不，给你买一个八音盒？

第七课 寄书比买书贵

练 习

一 朗读下面的疑问句，找出应该重读的词语：

1. 你这些书都是要寄走的吗？
2. 这么长时间？
3. 那空运呢？
4. 你没试试在网上订书吗？
5. 一般要多长时间能送到？
6. 这要到哪儿去取啊？
7. 可是你看看现在几点了？
8. 妈妈寄来的东西我还能忘了取？

二 仿照例句替换画线部分的词语，然后把替换后的句子各放入一个对话中：

1. 别说<u>寄</u>，就是<u>从海上漂到美国去</u>也<u>没问题</u>！

　　写　　　读　　　　　读不出来
　　买　　　借　　　　　借不着
　　是你　　老师　　　　没办法

2. 先<u>付款</u>还是<u>货到后付款</u>？

　　交钱　　饭后结账（jié zhàng）
　　选课　　试听后再决定
　　买票　　上车后再买票

3. 对你来说，<u>选择货到付款</u>比较合适。

　　　　学这本书
　　　　选这门课
　　　　穿蓝色的

4. <u>白跑一趟</u>

　　等半天
　　学了一年
　　准备那么多

5. 真是个馋鬼！
   酒鬼
   淘气（táoqì）鬼
   胆小鬼

三 朗读下面的对话，然后用括号里的语句再做一个对话练习：

1. 甲：你怎么又感冒了？
   乙：（有什么办法）？ 房间里太冷了。

2. 甲： 听说附近要修一个网球场。
   乙：（这下可好了），不用跑到饭店去打球了。

3. 甲：花那么多钱修自行车，还不如买一辆新的呢。
   乙：（那就听你的），买辆新的吧。

4. 甲：明天我们去哪儿玩儿？
   乙：我想去唱歌，（要不），去打保龄（bǎolíng）球？

四 下面是邮局营业员对你说的话，你怎么回答？

1. 你寄什么？
2. 寄到哪儿？
3. 你想海运还是空运？
4. 你这些书都是要寄走的吗？
5. 你买多少钱的邮票？
6. 你的证件？
7. 这封信超重了。
8. 你买几张贺年卡？

五 如果你是邮局的营业员，你怎么回答顾客提出的下面这些问题？

1. 往美国寄贺年卡要贴多少钱的邮票？
2. 海运需要多长时间？
3. 一般要多长时间能寄到？
4. 这儿可以寄特快专递（tèkuài zhuāndì）吗？
5. 你这儿有五块四的邮票吗？
6. 有没有有奖贺年卡？
7. 取包裹需要什么证件？

| 六 | 成段表达：

说说你去邮局的一次经历（比如：取包裹、寄书、买邮票等等）。

| 补充材料 |

在老师的指导下，读懂下面包裹单的各项内容，并试着填写一下。

国内普通包裹详情单（通知单联）

收件人	详细地址：..................
	姓　名：............　电话：............
寄件人	详细地址：..................
	姓　名：............
	邮政编码：............　电话：............

寄件人声明
如包裹无法投递，请
1. 退还寄件人
2. 抛弃处理
3. 改寄

内装何物

包裹号码：
接收局号码：

收寄人员签章：
检查人员签章：
保价金额：　　元　重量：　　克
领取人证件内容　领取人签章　单价：　　元
证件名称：..................　保价费：　　元
证件号码：..................　其他：　　元
发证机关：..................　收件单位公章　共计：　　元

填写本单前，请认真阅读背面的"使用须知"，若认可并遵守，请在此签字.................

投递局存，一式四份，请用力填写

使用须知

一、各类邮件禁止寄递下列性质的物品：
1. 法律规定禁止流通或者寄递的物品；
2. 反动报刊、书籍、宣传品或者淫秽物品；
3. 爆炸性、易燃性、腐蚀性、放射性、毒性等危险物品；
4. 妨害公共卫生的物品；
5. 容易腐烂的物品；
6. 各种活的动物；
7. 各种货币；
8. 不适合邮寄条件的物品；
9. 包装不妥，可能危害人身安全，污染或者损毁其它邮件、设备的物品。

二、寄件人匿报、错报邮件内件名称，违章夹寄禁寄物品，造成危害人身安全，污染、损毁其它邮件、设备的，由寄件人担负各项损失的赔偿责任。情节严重的，还要报请司法机关依法追究刑事责任。

三、寄件人可自愿选择保价服务。选择保价时，寄件人应根据实际价值填写保价金额。最高限额为10万元。

四、保价邮件丢失或全部损毁时，按保价金额赔偿；发生部分损毁或短少时，按实际损失的价值予以赔偿，但赔偿额不超过保价金额。未保价邮件发生损毁、丢失、短少时，按实际损失赔偿，但最高赔偿金额不超过所付邮费的一倍。

五、给据邮件发生丢失、全部损毁时，退回已收的邮费；各种原因引起的赔偿，均不退还保价费。

六、自交寄日起一年内可持本收据到原寄局查询。

IMPORTANT NOTICE

1. This EMS waybill is available only for sending the domestic EMS item.
2. To make every letter and number on all copies clear and easy to be identified, please complete the waybill item by item, using ball-pen or typewriter and with the neat handwriting. On the delivery, receiver is asked to sign the waybill with regular script.
3. Prohibited articles stipulated in the Regulations of Posts, e.g. explosive, flammable, corrosive, radioactive, poisonous articles, drugs, cash, etc., are not allowed to send as EMS item. People violating the relevant regulations will burden the legal responsibility.
4. EMS item should be packed for its safety in accordance with the Regulations of Posts.
5. The postage will be charged according to the total weights of the item (including the weights of contents, labels and packaging materials).
6. Insurance service is provided for the domestic EMS items, depending on the intention of the sender. The insured amount is based on the actual value of the contents of the item declared by the sender. But the maximum insured amount is fixed up to RMB 50,000 Yuan. Sender is requested to pay the insurance fee accordingly.
7. In case of loss, damage of the items or shortage of the contents, the sender will be compensated according to the actual loss of the contents, but the indemnity will not exceed the insured amount of items. For non-insured item, the sender will be compensated according to the regulations of postal administration. In case of the delay of the item, the sender will be compensated according to the regulation of postal administration. Posts will not compensate for other loss or indirect loss.
8. The inquiry of any EMS item is acceptable within 4 months after the date of posting; please take the third copy of this bill or the receipt to make the inquiry procedure at the mailing office.
9. In case of any disaccord between the service regulations and this notice caused by the change in the service, please refer the announcement in the post office.

第八课　我在校外租了房子

热身话题

1. 你的朋友有没有在学校外面租房住的？
2. 说说在校内住和在校外住各有什么好处。

（一）我是和别人合租的

玛　丽：　安娜，怎么最近没看见你？

安　娜：　我搬家了。

玛　丽：　搬家？

安　娜：　对啊，我不在校内住了，在校外租了房子。

玛　丽：　哎呀，那可是乔迁之喜啊，恭喜恭喜！你得请客吧？

安　娜：那还用说！

玛　丽：为什么不在校内住了呢？校内多方便啊。

安　娜：住校内吧，当然很方便，可是宿舍的房间实在太小了。我的同屋朋友也多，有时候真是没法安静地看书。

玛　丽：这倒是。你现在住的地方离学校远吗？

安　娜：不远，骑车十分钟就到了。

玛　丽：房子大吗？

安　娜：不太大，可是比校内的宿舍大多了，有两个卧室，还有客厅、厨房和卫生间。

玛　丽：你一个人住这么大的地方？房租很贵吧？

安　娜：我是和别人合租的，房租一人一半儿，不算太贵，主要是生活方便多了。

玛　丽：听起来真是不错。房子条件怎么样？

安　娜：电视、洗衣机、冰箱、空调、暖气都有，而且可以上网。下课回去打作业、玩儿游戏、发电子邮件、看电影，可自在啦！

玛　丽：我真羡慕你！

安　娜：周围有超市、饭馆儿，交通也方便。怎么样？你也搬出来住吧？

玛　丽：我还是觉得住在校内方便，上课、吃饭、去图书馆都近。再说，我的宿舍很少有人来，住在这里还行。哎，你是怎么找到合适的房子的？

安　娜：我的朋友看了网上的租房启事，给我介绍的。其实网上这方面的信息多的是，可是很多我看不懂。

玛　丽：你现在已经快成行家了。

（二） 在这儿住真有家的感觉!

（安娜请玛丽到她租的房子来玩儿）

玛　丽：　啊，在这儿住真有家的感觉!

安　娜：　比住宿舍强多了吧?

玛　丽：　房东对你怎么样?

安　娜：　房东是个和善的老太太。一会儿她来收房租，我介绍你们认识一下。
　　　　　（门铃响）她来了。

房　东：　安娜，你好吗?

安　娜：　张奶奶，请进。这是我的好朋友玛丽。

玛　丽：　您好，张奶奶。

房　东：　你好。

安　娜：　快请坐，您喝茶。这是我们的房租，您收好。

房　东：　好，好。这房子怎么样?有什么问题没有?

安　娜：　挺好，住着很舒服。不过这几天水龙头有点儿漏水。

房　东：　我看看。……问题不大，明天我叫人来修修。

安　娜：　那太麻烦您了。

房　东：　没什么。对了，这是我今天包的饺子，你们尝尝吧。

玛　丽：　哎呀，我可真有口福。

词　语

1	租	zū	（动）	to rent
2	合（租）	hé(zū)	（动）	to join; to combine
3	搬家	bān jiā		to move
4	请客	qǐng kè		to play the host; to give a dinner for the guests
5	卧室	wòshì	（名）	bedroom
6	客厅	kètīng	（名）	drawing room; sitting room
7	厨房	chúfáng	（名）	kitchen
8	卫生间	wèishēngjiān	（名）	washroom; toilet
9	房租	fángzū	（名）	rent (for a house)
10	暖气	nuǎnqì	（名）	central heating; heating
11	游戏	yóuxì	（名）	game
12	电子邮件	diànzǐ yóujiàn		e-mail
13	自在	zìzai	（形）	at ease
14	羡慕	xiànmù	（动）	to admire; to envy
15	周围	zhōuwéi	（名）	surroundings
16	超市	chāoshì	（名）	supermarket
17	启事	qǐshì	（名）	notice
18	信息	xìnxī	（名）	information
19	行家	hángjia	（名）	expert
20	感觉	gǎnjué	（名）	feeling
21	房东	fángdōng	（名）	owner of a house
22	和善	héshàn	（形）	amiable
23	门铃	ménlíng	（名）	door bell
24	水龙头	shuǐlóngtóu	（名）	tap
25	漏	lòu	（动）	to leak

注　释

1. **乔迁之喜**

    比喻人搬到好的地方去住，用于祝贺。

2. **有口福**

    有吃到好东西的福气。

语句理解

1. 恭喜恭喜

   客套话，祝贺人家的喜事。比如：

   （1）甲：我下周结婚。

   　　乙：恭喜恭喜！祝你们白头到老。

   （2）甲：我中大奖了！

   　　乙：恭喜恭喜，这下你可要请客啊。

2. 那还用说

   反问句，表示不用说，当然。有时也说"（那）还用问"。比如：

   （1）甲：回国以后给我们写信。

   　　乙：那还用说，我不会忘记你们的。

   （2）甲：你想不想和我们一起去看足球比赛？

   　　乙：那还用说，我是个球迷啊。

   （3）甲：海运和空运哪个快？

   　　乙：那还用问，当然是空运快了。

3. 这倒是

   表示对方说的更有道理。有时也说"那倒（也）是"。比如：

   （1）甲：你出去的时候老不锁门，丢东西也怪你自己。

   　　乙：这倒是，下次可得注意了。

   （2）甲：买自行车要看质量怎么样，不能光图便宜。

   　　乙：那倒（也）是，人家常说"便宜没好货"嘛。

4. 对了

   在说某事时忽然想起另一件事。比如：

   （1）好，现在下课吧。对了，把昨天的作业交给我。

   （2）甲：我们的晚会王老师也会参加吧？

   　　乙：对了，我还没给他打电话呢，我现在就打。

练 习

一 朗读下面的句子，说说"吧"在句子中表示的不同语气：

1. 你得请客吧？
2. 住校内吧，当然很方便，可是宿舍的房间实在太小了。
3. 房租很贵吧？
4. 你也搬出来住吧？
5. 比住宿舍强多了吧？
6. 你们尝尝吧。

二 选用下面的语句完成对话：

| 恭喜恭喜 | 那还用说 | 这倒是 | 不算太…… | 听起来…… |
| 比……强多了 | 问题不大 | 没什么 | 对了 | |

1. 甲：我考上北京大学的研究生了。
   乙：_____。

2. 甲：你真的会修电脑？
   乙：_____。

3. 甲：路上堵车的时候，开车还不如骑车快呢。
   乙：_____。

4. 甲：你能帮我找找这个歌手的 CD 吗？
   乙：_____。

5. 甲：你的作业写完了吗？
   乙：_____。

6. 甲：我来了几个月了，觉得汉语进步不大。
   乙：_____。

三 成段表达：

你有一套两室的房子要出租，有人想租，你给他看图并介绍一下房子的情况。

四 边画边说：理想的家

如果你有一个家，你希望有哪几个房间？怎么布置（bùzhì）？

五 请你说说：

你想在校外租一个房子，请说出你的条件，比如房间、电器、房租等等。

六 辩论：

租房好还是买房好？

参考论点：

	优点	缺点
租房	随时（suíshí）可以入住 不用上保险（bǎoxiǎn）	不能随心所欲（suí xīn suǒ yù）地设计 没有所有权（suǒyǒuquán）
买房	自己拥有（yōngyǒu） 自由设计（shèjì） 自由买卖	经济负担（fùdān）重 搬家麻烦

补充材料

模仿下面的启事，根据自己的实际要求，写一则租房启事并在班里朗读。

急 租

本人因工作需要，急需租用二室一厅房屋一套，地铁车站附近最佳，价格面议，免中介。

联系电话：13554007007　联系人：刘女士

出 租

现有三室一厅房屋一处，位于市中心，设施齐备，24小时热水，空调、电话、车位一应俱全。有求租者请与王先生联系。电话：62345678。

口语知识（二）

1　语气词"吧"的主要用法

"吧"是汉语口语常用的语气词，主要有以下几种用法：

（1）用在祈使句末尾，表示建议、催促、商量、请求、命令等语气。比如：

> ① 我建议你先找个研究生，互相辅导吧。
> ② 那你快去吧！
> ③ 你们快过去吧！
> ④ 咱们在这儿照张相吧。
> ⑤ 还是我来照吧。
> ⑥ 请你帮帮我的忙吧！
> ⑦ 你走吧！我不想再见到你！

（2）用在问句的末尾。在这里不是单纯提问，而是带有一种揣测的语气。比如：

> ① 没想到我们会在这儿见面吧？
> ② 你开始上课了吧？
> ③ 你是田中吧？
> ④ 不会太贵吧？
> ⑤ 你大概忘了我的名字了吧？
> ⑥ 他应该已经在路上了吧？咱们再等一会儿。
> ⑦ 这是你的笔吧？

（3）用在句子的末尾，表示同意或认可。比如：

① 那好吧，我就买这件。
② 甲：我可以用一下儿这儿的电话吗？
　　乙：用吧。
③ 想去你就去吧。
④ 拿走吧，我现在不用。

（4）用在句子的中间，表示停顿。比如：

① 拿我家来说吧，早上都忙着上班，没时间吃早饭。
② 举例来说吧，我们班就从来没有人缺过课。
③ 买礼物真是个麻烦事，买便宜的吧，不好意思；买贵的吧，又买不起。

2　语气词"呢"的主要用法

"呢"也是汉语口语中常用的语气词，主要有以下几种用法：

（1）用在疑问句的末尾，表示疑问的语气。

　　1）用于特指问句，句中一般带有疑问词"哪儿、什么、怎么、谁"等。比如：

① 哪一种才是最理想的呢？
② 她在哪儿呢？
③ 玛丽，写什么呢？
④ 你想找什么样的辅导呢？
⑤ 我该怎么去呢？
⑥ 你问谁呢？

　　在一定的上下文里，"呢"前边可以只有一个名词性成分，省去其他成分，包括疑问词。比如：

> ① 我的钢笔呢？（我的钢笔在哪儿呢？）
> ② 小李呢？楼下有人找他。（小李到哪儿去了呢？）
> ③ 你一个人吃饱了，我们呢？（我们怎么办呢？）
> ④ 后来呢？（后来怎么样了呢？）

2）用于选择问句的两个项目的后边，前后两项之间常用"还是"连接，有时候后面的项目不用"呢"。比如：

> ① 只有一辆车，你骑呢，还是我骑（呢）？
> ② 你喜欢这件呢，还是喜欢那件（呢）？
> ③ 考中文系呢，还是考历史系（呢）？他拿不定主意。

3）用于正反问句。比如：

> ① 你明天去不去呢？
> ② 她喜欢不喜欢呢？
> ③ 他走了没有呢？

4）用于反问句。比如：

> ① 你听不懂中国人说的话怎么跟他们交谈呢？
> ② 那谁知道呢！
> ③ 她哪儿会爱上老王呢？

（2）用在句末，指明某种事实，并带有夸张的语气。比如：

> ① 我原来选了五门课呢！
> ② 那才有意思呢！
> ③ 这条街周末的时候可热闹呢！
> ④ 说不定还能找辆牛车、马车来坐坐呢！
> ⑤ 还真不容易呢！

（3）用在叙述句的末尾，表示持续的状态。比如：

> ① 你别开玩笑，上课呢！
> ② 他在吃饭呢！
> ③ 孩子正洗澡呢！
> ④ 饭在火上热着呢！

（4）用在句中，表示停顿。比如：

> ① 他喜欢跳舞，我呢，喜欢打球。
> ② 你要是想去呢，我也不反对。

3　语气词"嘛"的主要用法

"嘛"在汉语口语中也是常常用到的，主要用来表示以下几种语气：

（1）表示确认某一事实或理由。比如：

> ① 登山也是一项很好的运动嘛！
> ② 照片还挺清楚的嘛！
> ③ 你会唱的还不少嘛！
> ④ 是他自己要去的嘛！
> ⑤ 不用谢我，咱们是好朋友嘛！
> ⑥ 我对这个城市当然了解了，我就是在这儿出生长大的嘛！

（2）表示某种意愿、要求。比如：

> ① 听我慢慢说嘛！
> ② 你可以走着去嘛！
> ③ 不让你唱，你就别唱嘛！

（3）用在句中表示停顿，引起听话人对下文的注意。比如：

① 这个嘛，你慢慢就习惯了。
② 学生嘛，就得把主要精力放在学习上。

练 习

用给出的语气词填空：

吧　　呢　　嘛

1. 你不是开玩笑（　　）？
2. 你连他都不认识？他就是安娜的男朋友（　　）！
3. 我年轻的时候，也当过运动员（　　）。
4. 他正在床上躺着（　　）。
5. 我连女朋友都没有（　　）！
6. 这房子是新盖的（　　）？
7. 模特（　　），哪有不漂亮的？
8. 今天外面可冷（　　）！
9. 我今天就说到这儿（　　）。
10. 我说得对（　　）？
11. 我劝你还是买这件（　　）。
12. 别着急（　　），我慢慢给你解释。
13. 我怎么知道熟没熟（　　）？
14. 你爱人（　　）？怎么没在家？

口语常用语（二）

1　打听与请求

向别人打听事情、麻烦别人或请别人帮忙，说话要客气，要注意使用礼貌用语。

在向别人打听事情时，一般要用到"请问""劳驾"等词语：

① 请问，是在这儿选课吗？
② 请问，您贵姓？
③ 劳驾，您能告诉我他家的地址吗？
④ 劳驾，去北京大学怎么走？

麻烦别人的时候，一般要用到"请""麻烦您""好吗""可以吗""能不能"等词语：

① 请把那件衣服拿给我看看。
② 麻烦您到站告诉我一声。
③ 请你给我们谈谈好吗？
④ 我可以看一下儿教材吗？
⑤ 把字典借我用一下儿，可以吗？
⑥ 我能在您的班听课吗？

请别人帮忙的时候，可以模仿下列语句：

① 请帮我买一本词典。
② 劳驾，帮我抬一下儿。
③ 麻烦您带我去一趟。
④ 您能帮我转告她吗？

下面这些句式，也可以在请人帮忙的时候使用：

① 我跟您商量一件事。
② 有件事想请您帮帮忙。
③ 有件事想麻烦您。
④ 我想求您一件事。
⑤ 我想求您帮个忙。
⑥ 我想求您替我办件事。

2　感谢与道歉

当别人关照你、帮助你、鼓励你、招待你的时候，你应该向对方表示谢意。一般表示感谢的用语有"谢谢""谢谢啦""谢谢您""多谢""谢谢大家""太谢谢您了"等。但是在比较正式的场合，表示感谢就应该使用较完整的句式。比如：

① 感谢您的光临。
② 谢谢您的盛情款待。
③ 对您的热情帮助，我们表示十分感谢。
④ 感谢大家对我的鼓励和信任。
⑤ 非常感谢一年来大家对我的支持。
⑥ 承蒙关照，不胜感激。

在求人帮忙或别人帮助你之后，有另外一些比较客气的、往往带有道歉性质的感谢语。比如：

① （您）辛苦了。
② 打扰了。
③ 让您费心了。
④ 给您添麻烦了。
⑤ 让您受累了。
⑥ 劳（您）驾了。

当别人对你的帮助很大，你觉得一般的感谢语已经无法表达你的感激之情时，也可以使用语气比较强烈，甚至略带一点夸张的语言。比如：

① 您对我的帮助真是太大了！
② 我从心里感谢您对我的帮助。
③ 实在是感激不尽。
④ 真不知怎么感谢您才好！
⑤ 我一辈子也忘不了您。

听到别人说的感谢语时，一般的回答是"不用谢""不谢""不（别）客气""没什么""没事儿""没关系""不辛苦"等等。还有一些人们常用的话语。比如：

① 你太客气了。
② 哪里，很愿意为您效劳。
③ 一点儿小事，用不着谢。
④ 谢什么呀，大家都是朋友。
⑤ 可别这么说。
⑥ 这是我应该做的。

如果由于某种原因，你不能满足别人的要求，无法给与帮助时，可以使用"对不起""抱歉""请原谅""包涵""谅解""体谅""过意不去"等道歉用语。比如：

① 对不起，我们无法接受您的要求。
② 非常抱歉，我现在实在没有时间帮你翻译这篇文章。
③ 请原谅，我帮不了你的忙。
④ 我们公司没有能力做这笔生意，请您多多包涵。
⑤ 我也把我们的困难摆出来，希望能得到贵公司的谅解。
⑥ 请您也体谅我们的难处。
⑦ 让您白跑一趟，真过意不去。

要是你给人带来了麻烦或损害，恐怕除了说"对不起""抱歉""请原谅"等用语外，还应该在其他方面有所表示了。

第九课　你想买什么衣服？

热身话题

1. 你喜欢到小摊上去买东西吗？为什么？
2. 在什么地方买东西可以讨价还价？你有这方面的经验吗？
3. 在你们国家买东西能不能讨价还价？

（一）有没有我穿的外套？

售货员： 你们好，想买什么衣服？

玛　丽： 有没有我穿的外套？

售货员： 你的身材很好，很多种类的外套都适合你穿。就看你喜欢什么样式的了。请跟我来。你看，这些都是最近的新样式，特别适合像你这种年龄的女孩儿穿。

玛　丽： 这么多样式，我都不知道挑哪件好了。哎，安娜，你帮我参谋参谋。

安　娜： 我也看花眼了。哎，你看这件怎么样？

玛　丽： 哇！这件也太那个了吧？

安　娜：	这是新潮！你还那么保守啊！那，你再看看这件。
玛　丽：	这件还说得过去。不知道大小是不是合适。
售货员：	你可以试试，试衣间在那边。
玛　丽：	（从试衣间走出）你们看，我穿这件衣服是不是太……
售货员：	你穿这件衣服非常合适。这件衣服好像就是为你设计的。
玛　丽：	袖子是不是长了点儿？
售货员：	是长点儿，可这种衣服的样式就是长袖儿的。现在长袖子也是一种时髦。
玛　丽：	那好吧，我就买这件。这件衣服多少钱？
售货员：	五百五。
安　娜：	能不能便宜一点儿？
售货员：	这是新上市的，不打折。
安　娜：	可是我们刚才进门的时候，看见你们商店的门口写着"服装大减价""优惠"什么的。
售货员：	那是指夏装，是季节性减价，你要是买，我们这里也有，可以八折优惠。
玛　丽：	好，五百五就五百五。不管怎么说，我挺喜欢这件衣服的。
售货员：	那我就开票了。请到3号收款台交款。

（玛丽付钱以后，把交款单交给售货员）

售货员：	这是发票，请收好。如果这件衣服有质量问题，可以凭票来这儿退换。
玛　丽：	谢谢你。
售货员：	不客气。欢迎你们下次再来。

(二) 这套茶具怎么卖?

(听说学校附近有一个小商品市场,在那儿买东西很便宜,而且可以讨价还价,玛丽就跟大卫一起去了,因为大卫说他去过几次,很有经验……)

玛　丽： 大卫,你看这套茶具怎么样?
大　卫： 哦,挺不错的。你想买吗?
玛　丽： 我挺想买的。不会太贵吧?
大　卫： 我可以帮你砍价啊。(对摊主甲)哎,朋友,这套茶具怎么卖?
摊主甲： 是你呀,好久没来了。买什么?茶具?你可看清楚,这是景德镇的。
　　　　 卖别人,一百二;你要是真想买,八十卖给你。
大　卫： 能不能再便宜一点儿?
摊主甲： 谁让咱们是朋友呢!六十!卖给你了。
大　卫： (对玛丽)怎么样?一百二砍到六十,还可以吧?
玛　丽： 那就买一套吧。

(大卫与玛丽边走边谈)

大　卫： 以后你到这儿来买东西就叫上我,我最会砍价了。
玛　丽： (指着路边一个摊上的茶具)哎,你看那儿的茶具跟我买的一模一样。这次我试试。(对摊主乙)你那套茶具怎么卖?
摊主乙： 五十。
玛　丽： 啊?!
大　卫：

词 语

1	外套	wàitào	（名）	overcoat
2	身材	shēncái	（名）	figure; stature
3	种类	zhǒnglèi	（名）	kind; type
4	样式	yàngshì	（名）	pattern
5	参谋	cānmou	（动）	to advise
6	新潮	xīncháo	（名、形）	fashion; fashionable
7	保守	bǎoshǒu	（形）	conservative
8	设计	shèjì	（动）	to design
9	袖子	xiùzi	（名）	sleeve
10	时髦	shímáo	（形）	fashionable; stylish
11	上市	shàng shì		to appear on the market
12	服装	fúzhuāng	（名）	dress; clothes
13	减价	jiǎn jià		on sale
14	优惠	yōuhuì	（形）	preferential treatment
15	开（票）	kāi (piào)	（动）	to make out an invoice
16	收款台	shōukuǎntái	（名）	cash register; cash desk
17	交款	jiāo kuǎn		to pay
18	发票	fāpiào	（名）	receipt; bill; invoice
19	质量	zhìliàng	（名）	quality
20	凭	píng	（介）	according to
21	退换	tuìhuàn	（动）	to exchange; to replace
22	套	tào	（量）	set; suit (*a measure word*)
23	茶具	chájù	（名）	tea set
24	讨价还价	tǎo jià huán jià		to bargain
25	砍（价）	kǎn (jià)	（动）	to bargain
26	摊主	tānzhǔ	（名）	pedlar
27	一模一样	yì mú yí yàng		exactly alike

注 释

景德镇

市名，在江西省东北部，以出产瓷器驰名中外，有一千多年的历史。

语句理解

1. 看花眼

   表示可供观看（挑选）的东西太多，不知道看（选择）哪个好，也说"挑花眼"。比如：

   （1）这里的衣服样式真多，我都看花眼了。

   （2）婚姻介绍所里有很多姑娘的照片和资料，我的朋友都挑花眼了。

2. 说得过去

   表示还可以或能够接受。比如：

   （1）送她这件礼物，我看说得过去。

   （2）大家都是朋友，你说话这么不客气，说得过去吗？

3. 不管怎么说

   表示在任何情况下结果或结论都不会改变。比如：

   （1）不管怎么说，他是你爸爸，你不应该气他。

   （2）不管怎么说，你今天一定要去开会。

4. 谁让咱们是朋友呢

   表示因为是朋友，所以不得不接受对方的要求。比如：

   （1）你想用就拿去吧，谁让咱们是朋友呢。

   （2）甲：把你的汽车借给我用一下。

   乙：真拿你没办法，用吧，谁让咱们是朋友呢。

练 习

一 用正确的语调朗读下面卖者和买者常说的语句：

1. 卖者说的话

   （1）你们好，想买什么衣服？

   （2）这些都是最近的新样式，特别适合像你这种年龄的女孩儿穿。

   （3）你穿这件衣服非常合适。

（4）请到3号收款台交款。
（5）这是发票，请收好。
（6）欢迎你们下次再来。

2. 买者说的话
（1）有没有我穿的外套？
（2）这么多样式，我都不知道挑哪件好了。
（3）你帮我参谋参谋。
（4）这件还说得过去。不知道大小是不是合适。
（5）能不能便宜一点儿？
（3）这套茶具怎么卖？

二 在下面的情景中，你应该怎样与人对话？

1. 当售货员说下面的话时，你应该说什么？
（1）你想买点儿什么？
（2）你穿多大号的（衣服，鞋……）？
（3）你喜欢什么颜色的？
（4）你穿这件衣服正合适。
（5）你还要点儿什么？

2. 当你说下面的话时，售货员可能会说什么？
（1）你看我穿哪种颜色的好看？
（2）这双小了点儿，有大点儿的吗？
（3）我可以试试吗？
（4）能不能便宜一点儿？
（5）这是我昨天买的，有点儿瘦，能换一件吗？

三 朗读下面的对话，然后模仿进行购物表演：

1. 在日用品柜台
   顾　客：　请问，哪儿卖手表？
   售货员：　在三楼。
   顾　客：　三楼什么地方？
   售货员：　上楼往左走，一直到头儿。
   顾　客：　谢谢。
   售货员：　你不在这儿买点儿什么吗？

2. 在鞋店

　　售货员：　请问，您想买什么？
　　顾　　客：　我想买双皮鞋。
　　售货员：　您看中哪种了？
　　顾　　客：　那种样式的怎么样？
　　售货员：　这种鞋最近卖得不错，您穿多大号的？
　　顾　　客：　我也不知道。你看我穿多大的合适？
　　售货员：　您穿这双试试。
　　顾　　客：　这双有点儿小，有大一点儿的吗？
　　售货员：　对不起，这是最大的了。

3. 在电器柜台

　　顾　　客：　劳驾，我跟你打听一下儿，我前两天在这儿买了个耳机，回去后发现有毛病，能不能换一个？
　　售货员：　当然可以。
　　顾　　客：　如果换了以后还有问题，我可以退掉吗？
　　售货员：　如果确实是质量问题，我们可以退货。
　　顾　　客：　那我明天把耳机拿来。
　　售货员：　别忘了带发票。

4. 在水果摊

　　顾　　客：　你这香蕉怎么卖啊？
　　摊　　主：　三块钱一斤。
　　顾　　客：　你给我来一把。哎，这把香蕉里有个坏的，你给拿下去吧。
　　摊　　主：　咳！就是皮儿黑了一点儿，不算坏，里边是好的。
　　顾　　客：　那可不行。要不你便宜一点儿？
　　摊　　主：　这已经是最便宜的了，你到别处看看，有我这么便宜的香蕉吗？
　　顾　　客：　那我去别的地方看看。
　　摊　　主：　哎，别走啊！好好好，便宜点儿就便宜点儿，行了吧？
　　顾　　客：　那你可得称（chēng）准了。

四　用"不管怎么说"完成下面的对话：

1. 甲：最近我实在太忙，没时间写作业。
　　乙：_____。

2. 甲：昨天同屋又带了一大群朋友来我们的房间，我和她吵（chǎo）了一架（jià）。
   乙：_____。

3. 甲：我骂孩子是为了教育（jiàoyù）他。
   乙：_____。

4. 甲：我的电脑又有病毒（bìngdú）了，真麻烦，还不如用手写呢。
   乙：_____。

5. 甲：我昨天排了一夜的队才买到这张演唱会的票，现在我的腿还疼呢。
   乙：_____。

五 成段表达：

1. 用自己的话叙述大卫帮玛丽买东西的经过。
2. 谈谈给你印象很深的一次购物经过。

六 课堂游戏：

推销比赛

选三个学生到教室前面，向大家推销（tuīxiāo）不同品牌（pǐnpái）的啤酒，看谁的推销最成功。

七 社会实践：

请同学们分别去学校附近的商店和小摊：

1. 用学过的表达方法购物，
2. 了解日常用品或食品的一般价格，
3. 了解买卖双方使用的语言，

然后在班里进行交流。

补充材料

笑话二则

一、不合潮流的脚

顾　　客：　劳驾，我想买双皮鞋。
售货员：　你看看这双，这是今年最流行的。
顾　　客：　我穿太瘦了吧？
售货员：　今年的鞋就是流行又尖又瘦的，你不能总穿老样子的啊。
顾　　客：　可是我的脚老是一个样子，可能是我的脚太不合潮流了。

二、我还是单买裤子吧

顾　　客：　请问，这身运动衣多少钱一套？
售货员：　二百八十块。
顾　　客：　可以单买一件上衣吗？
售货员：　当然可以。单买上衣二百五。
顾　　客：　那我还是单买裤子吧。

第十课　咱们在这儿照张相吧

热身话题

1. 你喜欢照相吗？喜欢照什么？
2. 你能说出五个跟照相机有关的词语吗？
3. 介绍一下你现在用的相机。

（一）我来给你们照个合影

（玛丽和王峰、大卫、田中一起出去郊游）

玛　丽：　这儿的风景多美啊！咱们在这儿照张相吧。你们看，这儿有山，有水，后边还有一个塔。

王　峰：　来，到这边来照，还能照上塔的倒影呢。

大　卫：　你们都过去，我来给你们照个合影。

田　中：　还是我来照吧，我这个人就怕别人给我照相，照出相来能把人吓跑了。

玛　丽：　不至于吧！我看你当演员一点儿问题都没有。

田　中：　别开玩笑了，你们快过去吧！

玛　丽：那就麻烦你了。王峰，大卫，你们快过来呀！
田　中：王峰，你离玛丽那么远干什么？靠近点儿，别不好意思。
王　峰：我这么高的个子，往她跟前一站，还能照上她吗？
大　卫：别说了，再往中间靠靠，开始照了。
田　中：我说"一、二、三"，大家一块儿喊"茄子"。
玛　丽：茄子？真有意思！好，咱们一起喊。
田　中：一、二、三——
大　家：茄——子——！
大　卫：等一下！我再往后退退。
玛　丽：真是浪费表情！
田　中：大家准备好！这次没问题了。（照相后）好了，别看我不爱照相，我照出的相片可是一流水平。
大　卫：你这是"老王卖瓜，自卖自夸"。

（二）你用微信给我发两张过来

（玛丽给田中打电话）

玛　丽：昨天照的照片给我发过来了吗？
田　中：昨天玩儿得太累了，到家我就睡了，还没整理，等我整理出来马上发给你们。
玛　丽：还整理什么？全都发过来，我们自己整理吧。
田　中：那哪儿行啊？有的照片照得不好，让大家看到，影响我这个一流摄影师的声誉。
玛　丽：你有我的邮箱地址吗？
田　中：应该有吧，我过去好像给你发过一些照片。
玛　丽：那就好。对了！你会用微信吗？前两天王峰教我用微信，可是我到现在还不太会用，要不，你用微信给我发两张过来，照片里要有我。
田　中：行啊！我现在在外面，等我回到宿舍，马上就从昨天照的几百张照片里找出那些有你的美好形象的，第一时间发给你。

玛　丽：还有，那些闭眼的、样子特傻的一定要删掉，我可不愿让大家笑话我。
田　中：我你还不相信吗？放心吧！

词　语

1	照（相）	zhào (xiàng)	（动）	to photogragh
2	合影	hé yǐng		to have a group photo taken; group photo
3	郊游	jiāoyóu	（动）	to go for an auting; outing
4	风景	fēngjǐng	（名）	scenery
5	塔	tǎ	（名）	tower
6	倒影	dàoyǐng	（名）	inverted reflection in water
7	吓	xià	（动）	to frighten
8	演员	yǎnyuán	（名）	actor or actress
9	靠	kào	（动）	to be near
10	个子	gèzi	（名）	height
11	跟前	gēnqián	（名）	in front of
12	茄子	qiézi	（名）	eggplant
13	浪费	làngfèi	（动）	to waste
14	表情	biǎoqíng	（名）	expression
15	照片	zhàopiàn	（名）	photo
16	一流	yīliú	（形）	best
17	整理	zhěnglǐ	（动）	to arrange; to put in order
18	摄影	shèyǐng	（动）	to take a photograph
19	声誉	shēngyù	（名）	reputation
20	美好	měihǎo	（形）	good
21	形象	xíngxiàng	（名）	image
22	第一时间	dì yī shíjiān		first time
23	闭（眼）	bì (yǎn)	（动）	to close (eyes)
24	傻	shǎ	（形）	silly
25	删	shān	（动）	to delete
26	放心	fàng xīn		to be at ease

注 释

1. "茄子"

    照相的人说"茄子"的时候,嘴角拉开,呈现出笑的模样,让大家一起说"茄子",就是让大家一起笑。这个习惯是模仿西方一些国家照相时大家一起说"cheese"而来的。

2. 老王卖瓜,自卖自夸

    指自己夸自己。

语句理解

1. 还是我来照吧

    "还是我来(V)吧"表示自己做某事会比对方做更合适,要求替换对方。比如:

    (1)甲:我找不出车子的毛病在哪儿。

    乙:还是我来(修)吧。

    (2)甲:这个字,字典上好像没有啊。

    乙:肯定有,还是我来(查)吧。

2. 不至于吧

    表示不会达到某种较高的程度。比如:

    (1)这次考试虽然难了点儿,可不至于考不及格。

    (2)甲:我没做作业,你想老师会不会生气?

    乙:不至于吧?

3. 别看我不爱照相,我照出的相片可是一流水平

    "别看"的意思是不要从表面上或习惯认识上判断,后面多指出别人想不到的地方。比如:

    (1)甲:他那么瘦小,干活儿行吗?

    乙:别看他个子不高,可挺有劲儿的。

    (2)甲:外面下雪了,肯定冷得要命,多穿点儿吧。

    乙:别看下那么大的雪,其实不怎么冷。

练 习

一 用正确的语调朗读下面的句子，说出句子的重音：

1. 我这个人就怕别人给我照相。
2. 你离玛丽那么远干什么。
3. 真是浪费表情！
4. 别看我不爱照相，我照出的相片可是一流水平。
5. 你这是"老王卖瓜，自卖自夸"。
6. 还整理什么？全都发过来，我们自己整理吧。
7. 我可不愿让大家笑话我。
8. 我你还不相信吗？放心吧！

二 替换画线部分的词语：

1. 这儿有<u>山</u>，有<u>水</u>，还有<u>一个塔</u>。

  花　　树　　　一片湖水
  商店　饭馆儿　一家银行
  啤酒　汽水　　几瓶矿泉水

2. 还是我来<u>照</u>吧。

  修
  写
  介绍

3. 你<u>离玛丽那么远</u>干什么？

  挤我
  拿我书包
  买这么多香蕉

4. 别看<u>我不爱照相</u>，<u>我照出的相片可是一流水平</u>。

  她年轻　　　讲起课来很有经验
  房子不大　　住着挺舒服的
  他个子不高　篮球打得非常好

5. 我可不愿让大家笑话我。

　　　　给你当保姆（bǎomǔ）

　　　　为这种人活着

　　　　像他们那样工作

三 **朗读下面的对话，然后用加点的词语或句子模仿会话：**

1. 甲：这儿的风景真美，咱们在这儿照张相吧。

   乙：好，你先过去，我来给你照。

   甲：还是找个过路人帮帮忙，照个合影吧！

   乙：（对过路人丙）劳驾，您能帮我们照张合影吗？

   丙：可以。您的相机快门儿在哪儿？

   甲：您按这个红的就行了。

   丙：好。准备好，往中间靠靠。

   乙：（对甲）我喊"一、二、三"，咱们一块儿说"茄子"。

   丙：好了，别动了，现在开始照了，笑一笑——

   甲、乙：（大喊）"茄——子——"！

   丙：（不明白地）你们说什么？

2. 甲：这张黑白照片是什么时候拍的？怎么都黄了？

   乙：这是我爸爸上中学参加篮球比赛时拍的。

   甲：是吗？照片上这么多人，哪个是他呀？

   乙：前排左数第二个，就是这个。

   甲：看他笑得多开心！

   乙：比赛赢（yíng）了，能不高兴吗？

四 **根据所给的情景选用下面的词语会话：**

| 就怕 | 别看 | 不至于 | 第一时间 | 那哪儿行啊 |
| 放心 | 要不 | 那就好 | 我来…… | 有……有……还有…… |

1. 看照片，谈论你去过的一个地方的风俗（fēngsú）。
2. 安慰（ānwèi）生病的朋友。
3. 朋友把借来的书丢了，你劝（quàn）他别着急。

五 成段表达：

1. 向大家介绍你认为照得最好的一张相片。
2. 在你们大学里照哪些景物你觉得最有意义？

六 看图说话：

我在哪儿？

①

②

③

④

第十一课　很高兴能到您家来做客

热身话题

1. 你到中国人的家里做过客吗？
2. 如果你去过中国人的家，你觉得哪些习惯和你们国家不一样？

（在留学生宿舍楼）

王　峰：　大卫，有件事跟你商量一下儿，你这个周末有空儿吗？
大　卫：　这个周末我想去趟书店，不过并不急。有什么事？
王　峰：　有重要的事，而且这件事还非你去不可。
大　卫：　什么事那么重要？我可除了吃什么也不会。
王　峰：　真让你说着了，就是请你去吃。
大　卫：　你别逗我啊，我一听吃心里就痒痒。
王　峰：　不开玩笑，这个周末我想请你跟玛丽一起去我家。
大　卫：　真的吗？我最喜欢吃你妈妈做的菜了。

王 峰：	我妈现在还老说起你呢。说那个爱吃四川菜的大卫好久没来了。可是玛丽来中国时间不长，还没去过我家，我想请她也到我家坐坐，了解一下儿中国人的家庭生活，这样对她学习汉语也有好处。
大 卫：	你跟她说了吗？
王 峰：	已经说好了，后天晚上六点你带她去我家，怎么样？
大 卫：	好，一言为定。

（晚上六点二十分，王峰家门口。大卫和玛丽跑过来）

大 卫：	对不起，对不起，我们来晚了。
王 峰：	我在门口站了半天了。是不是我家的地址不好找？
大 卫：	这倒不是，都怪玛丽，她非要给你家买礼物不可。我对她说我带了一瓶酒，算是我们俩的，她还不答应。
王 峰：	大卫，你总是不听我的，每次来都带酒。
大 卫：	你爸爸最喜欢喝这种酒，一会儿我跟你爸爸一块儿喝。
玛 丽：	大卫，王峰的爸爸厉害吗？在美国的时候，我最怕和同学的爸爸谈话了。
大 卫：	我很喜欢跟王峰的爸爸聊天儿。他爸爸最喜欢说："小峰这孩子太贪玩儿，你们得多帮助他。"
王 峰：	别站在外边聊啊，快进去吧！
玛 丽：	哎，大卫，见了王峰的爸爸妈妈，我应该怎么称呼？
大 卫：	你叫"伯父、伯母"就行了。
玛 丽：	我真不知道在中国人家里该说些什么。
大 卫：	你跟我学啊，我怎么说你就怎么说。

（在王峰家）

王 峰：	爸！妈！我的朋友来了。
王 母：	哦，快请进来！
王 峰：	（对父母）这就是我常跟你们说起的玛丽。玛丽，这是我父母。
玛 丽：	伯父！伯母！

第十一课　很高兴能到您家来做客

王　父：　欢迎欢迎！
王　母：
大　卫：　伯父，伯母，还记得我吗？
王　父：　噢，大卫，你可好久没到我们家来了。
玛　丽：　（送上水果）伯母，这是我的一点儿心意。
王　母：　怎么还带礼物来啊！以后可别带了。来来来，快到里边坐吧！

（大家走进里边的房间）

玛　丽：　伯母，您家真宽敞啊！
王　母：　哪里，还是太小，客人来多了都坐不下。
王　父：　别光站着说话，快请客人坐啊！小峰，给客人倒点儿茶。
王　母：　你们都是小峰的朋友，到了这儿就像到了自己家一样，千万别客气。来，这儿有糖，有水果，随便吃。小峰，给你的朋友剥几个桔子。
大　卫：　伯母，您别忙了，我们自己来。（对王父）伯父，好久不见了，您身体还好吧？
王　父：　老了，不如从前了，谢谢你老想着我们。小峰一回家就说起你们，我很高兴小峰有你们这样的外国朋友！
玛　丽：　我也很高兴能到您家来做客。
王　母：　小峰，你陪客人坐着，我去给你们做饭。
王　峰：　我也去吧，帮帮您的忙。
大　卫：　伯母，别太麻烦了。
王　母：　不麻烦，家常便饭，一会儿就好。玛丽，你是第一次来，待会儿尝尝我的手艺。

词　语

1	做客	zuò kè		to be a guest
2	商量	shāngliang	（动）	to discuss; to consult
3	急	jí	（形）	urgent

4	除了	chúle	（连）	except
5	逗	dòu	（动）	to play with; to tease
6	痒痒	yǎngyang	（形）	itchy
7	倒	dào	（副）	*(used to indicate concession)*
8	怪	guài	（动）	to blame
9	答应	dāying	（动）	to agree
10	贪	tān	（动）	to have an insatiable desire for
11	称呼	chēnghu	（动）	to address; to call
12	心意	xīnyì	（名）	gratitude or hospitality; kindly feelings; regard
13	宽敞	kuānchang	（形）	spacious
14	光	guāng	（副）	only
15	倒	dào	（动）	to pour
16	千万	qiānwàn	（副）	*(used of exhortation or a friendly warning)*
17	随便	suíbiàn	（形）	do as one pleases
18	剥	bāo	（动）	to peel
19	桔子	júzi	（名）	tangerine; orange
20	陪	péi	（动）	to accompany
21	家常	jiācháng	（形）	domestic trivia; daily life of a family
22	便饭	biànfàn	（名）	daily food; simple meal
23	待会儿	dāi huìr		after a moment
24	尝	cháng	（动）	to have a taste
25	手艺	shǒuyì	（名）	skill (of cook)

注 释

伯父、伯母

伯父、伯母本是对父亲的兄嫂的称呼，但也可用于称呼朋友的父母，以表示尊重。

语句理解

1. **真让你说着了**

   表示对方说的恰恰是自己心里想的。比如：

   （1）甲：看来你不喜欢旅游。

   　　乙：真让你说着了，不忙的时候，我喜欢静静地看看书。

   （2）甲：你不喜欢上早上的课，是吧？

   　　乙：真让你说着了，早上又困又累，有时候连饭都顾不上吃。

2. **心里痒痒**

   表示心里很想做一件事。比如：

   （1）一听说有酒喝，他就心里痒痒。

   （2）看见别人打牌，你心里痒痒了，是不是？

3. **一言为定**

   表示就这么决定了，不再改变。比如：

   （1）甲：这次我请客，下次你请，怎么样？

   　　乙：好，一言为定！

   （2）甲：你真的愿意帮我们的忙吗？

   　　乙：那当然啦，咱们一言为定！

4. **（我们）自己来**

   客气话，表示可以自己做这件事。比如：

   （1）甲：这里有很多饮料，你想喝什么？

   　　乙：您别客气，我自己来。

   （2）甲：我帮你拿行李吧。

   　　乙：不用，我自己来吧。

练 习

一 用正确语调朗读下面客人和主人常说的语句：

1. 客人说的话
   （1）这是我的一点儿心意。
   （2）您家真宽敞啊！
   （3）您别忙了，我们自己来。
   （4）您身体还好吧？
   （5）很高兴能到您家来做客。
   （6）别太麻烦了。

2. 主人说的话
   （1）你可好久没到我们家来了。
   （2）怎么还带礼物来啊！以后可别带了。
   （3）来来来，快到里边坐吧！
   （4）快请客人坐啊！
   （5）给客人倒点儿茶。
   （6）到了这儿就像到了自己家一样，千万别客气。
   （7）来，这儿有糖，有水果，随便吃。
   （8）家常便饭，一会儿就好，待会儿尝尝我的手艺。

二 两人一组，一人朗读左栏的句子，另一人选用右栏中的句子应答：

这是我的一点儿心意。	真让你说着了。
您家真宽敞啊。	一言为定。
你们坐着，我去做饭。	我们自己来。
我的朋友来了。	我一听见吃就心里痒痒。
我给你们包几个桔子。	别太麻烦了。
今天晚上六点见面。	怎么还带礼物来啊。
你是不是很喜欢喝酒啊？	哪里，房子还是太小。
我请你到我家吃饭。	快请进来。

三 朗读下面的对话并模仿表演：

1. 甲：你这个周末有空儿吗？
   乙：有啊，你有什么事？
   甲：我想请你跟你的同屋一起去我家吃饭。

乙：真的吗？我最喜欢吃中国菜了。
甲：那你和同屋明天晚上到我家来吧！
乙：好，一言为定。

2. 女儿：爸！妈！我的同学来了。
   父母：快请进来吧！
   女儿：他们都是我的好朋友。
   同学：叔叔（shūshu）好！阿姨（āyí）好！
   父母：欢迎欢迎！
   同学：伯母，这是我们的一点儿心意。
   母亲：来就来吧，还带礼物干什么？来来来，快到屋里坐吧！这儿有糖，有水果，你们随便吃。
   同学：阿姨，您别忙了，我们自己来。

3. 小王：你家真宽敞啊！
   小李：哪里，房子还是太小，来客人多了都坐不下。哎，别站着说话，快请坐！喝点儿什么？
   小王：随便。
   小李：我有今年的新龙井茶。尝尝吧。
   小王：好啊。

4. 客人：伯父，您身体还好吧？
   主人：还行，不过不如从前了，谢谢你想着我们。你父母身体怎么样？
   客人：他们身体都很好。
   主人：回去替我问你父母好。
   客人：谢谢您，我一定转告。

5. 主人：你们坐着，我去给你们做饭。
   客人：您别太麻烦了。
   主人：不麻烦，家常便饭，一会儿就好。待会儿尝尝我的手艺。

四 在下面的情景中应该怎样说话或应答？

1. 接受邀请：
   （1）"今天晚上你有空儿吗？"
   （2）"我想请你去我家坐坐。"
   （3）"晚上六点你来我家好吗？"

2. 初次见面：
   （1）"这就是我的父母。"
   （2）给主人送上礼物。
   （3）表示自己来这里做客的心情。
   （4）主人拿出东西招待（zhāodài）客人。
   （5）客人看到主人拿出东西招待自己。

3. 互相寒暄：
   （1）走进主人的房间。
   （2）询问主人的身体情况。
   （3）再次来到主人家做客。
   （4）主人说："你们坐着，我去给你们做饭。"

五 怎样理解下面的话？

1. 怎么还带礼物来啊！以后可别带了。
2. 房子太小，客人来多了都坐不下。

六 下面的情况一般送不送礼物？送什么礼物合适？

1. 朋友过生日。
2. 看望病人。
3. 到朋友的宿舍去玩儿。
4. 到朋友父母家去做客。

七 请你说说：

1. 在你们国家怎样邀请别人到家里做客？
2. 在你们国家初次到别人家里去做客应该怎么做？

第十二课　谢谢你们的热情招待

热身话题

1. 在别人家里做客的时候，常常聊什么话题？
2. 说说吃饭和告别时的礼貌用语。

（大卫、玛丽和王峰的爸爸在客厅里聊天儿）

玛　丽：　伯父，您和伯母是做什么工作的？

王　父：　我们都在银行工作。

玛　丽：　工作忙吗？

王　父：　工作不太忙，就是工作单位离家远了点儿。

玛　丽：　那每天要很早起来上班吧？

王　父：　是啊，要是赶上刮风下雨，起得就更早了，不过时间长了也就习惯了。

大　卫：　您还常常看京剧吗？

王　父：　那当然啦！我和小峰的妈妈都是戏迷。

大　卫：　我现在也爱看京剧，可是很多有关京剧的知识还不懂，将来还得向您请教。

王　父：　别客气。不过，关于京剧的知识，我还真知道一些。

大　卫：　我特别想学唱京剧。

王　父：　说到唱我可不行，（指厨房）他妈妈行。

（王峰和妈妈走进来）

王　母：　说我什么呢？（对大家）饭做好了，边吃边聊吧。

王　峰：　各位请入席，今天有我做的一个菜。

玛　丽：　你也会做菜？

（大家坐在饭桌前）

玛　丽：　哎呀，做了这么多菜啊！

大　卫：　伯母，您辛苦了。

王　母：　不辛苦，只要你们喜欢吃就行了。

玛　丽：　伯母做的菜一定好吃。

王　峰：　我妈做四川菜最拿手了，我从小就爱吃。

大　卫：　我也特别特别喜欢吃，而且一吃起来就没够。

王　母：　我也做不出什么好菜，随便吃点儿吧。

大　卫：　那我们就不客气了。

王　母：　这是鱼香肉丝，玛丽，你能吃辣的吗？

玛　丽：　我很喜欢吃辣的，不过，我听说中国有的地方的辣椒特别辣。

大　卫：　四川菜很多都是辣的。咱们学校附近有个四川饭馆儿，我常去那儿吃。

王　母：　尝尝我做的四川菜。玛丽，喜欢吃吗？

玛　丽：　真好吃！比我们学校食堂的菜强多了。

王　母：　喜欢吃就多吃点儿。（给玛丽夹菜）来，尝尝这个。

玛　丽：　谢谢，您别客气，我自己来。

大　卫：　伯母，要是您去美国开个饭馆儿，肯定发大财。

王　峰：　哎，我做的菜你们还没尝过呢！

玛　丽：　哪个是你做的菜？

王　峰：　素炒土豆丝。怎么样？味道还可以吧？

玛　丽：　嗯，相当不错。看不出来你还真有两下子。

（墙上的时钟已经指到了九点）

大　卫：　伯父，伯母，时间不早了，我们该回去了。

王　母：　急什么，再坐一会儿吧。今天吃好了吗？

玛　丽：　吃好了。伯母，您做的菜真好吃！

王　母：　你要是爱吃就常来，我天天给你做。

大　卫：　那可糟了！玛丽一定会住在您这儿了。

王　母：　大卫真爱开玩笑。

第十二课　谢谢你们的热情招待

玛　丽：他就是这样的人，我们都拿他没办法。其实啊，他比谁都馋，早就想住在您这儿了。

大　卫：伯父，伯母，谢谢你们的热情招待。

玛　丽：是啊，耽误你们这么长时间，真过意不去。

王　父：别这么说，你们能来我们也很高兴，平时可没这么热闹。

王　母：欢迎你们常来。我们老两口儿都喜欢热闹。

大　卫：以后有空儿我们一定来。您二位明天还要早起上班呢，早点儿休息吧。我们就不多打扰了。

王　父：你们明天还得上课，我们也不留你们了，以后想来，打个电话就行了。

大　卫：您放心，有伯母做的那么好吃的菜，我不来，玛丽也会来的。

玛　丽：看你说的！

大　卫：伯父，伯母，我们走了，再见！

王　父：慢走啊！

王　母：

大　卫：别送了，请留步。

王　父：那我们就不远送了，小峰，你替我们送送客人吧。

词语

1	招待	zhāodài	（名）	hospitality
2	单位	dānwèi	（名）	unit (as an organization, division, department, section, etc.)
3	上班	shàng bān		to go to work
4	迷	mí	（名）	fan
5	请教	qǐngjiào	（动）	to consult
6	入席	rù xí		to take one's seat at a banquet, ceremony, etc.
7	拿手	náshǒu	（形）	to be good at
8	从小	cóngxiǎo	（副）	from childhood
9	辣	là	（形）	spicy
10	辣椒	làjiāo	（名）	hot pepper; chilli
11	夹	jiā	（动）	to pick up (food with chopsticks)
12	发财	fā cái		to get rich
13	味道	wèidao	（名）	taste
14	相当	xiāngdāng	（副）	quite
15	糟	zāo	（形）	in a mess
16	耽误	dānwù	（动）	to hold up; to delay
17	过意不去	guò yì bú qù		to feel apologetic; to feel sorry
18	平时	píngshí	（名）	usually; in normal times
19	热闹	rènao	（形）	bustling with noise and excitement
20	（老）两口儿	(lǎo)liǎngkǒur	（名）	(aged) couple
21	留步	liúbù	（动）	Please don't bother to see me out.

注释

1. **我也做不出什么好菜**

    这是一种客套话，即使主人准备的饭菜很丰盛也会这样说。

2. **鱼香肉丝**

    常见的一道四川菜，是模仿四川民间做鱼所用的调料和方法做出的猪肉菜，具有咸、甜、酸、辣、鲜的复合味道，菜色红润，肉质鲜嫩。

3. **素炒土豆丝**

    一道家常菜，土豆切丝加盐炒是最基本的做法，有时加醋或青椒等简单的其他配料，口味几乎适合所有的人。

4. 慢走

   告别时主人说的话，意思是"路上小心"。

5. 那我们就不远送了

   中国人对贵客或初次来访的客人有远送的习俗，往往将客人送到车站或大门口。如果主人是长辈或身体不舒服，也可以不远送，说"不远送了"表示歉意。常来常往的朋友之间一般不远送，说句"不远送了"就行了，以示客气。

语句理解

1. 那我（们）就不客气了

   接受礼物或主人的招待时说的客气话。比如：

   （1）甲：来，尝尝我做的家乡菜。

   　　乙：好，那我们就不客气了。

   （2）甲：这是我从国外给你带回来的小工艺品。

   　　乙：太漂亮了！那我就不客气了。

2. 你还真有两下子

   "有两下子"表示夸对方有能力、有水平。比如：

   （1）他打麻将可有两下子。

   （2）真看不出你跳舞也有两下子。

3. 看你说的

   当对方说道歉、感谢、开玩笑或不适当的话时表示"不要这么说"。比如：

   （1）甲：我真不知道该怎么感谢你。

   　　乙：看你说的，朋友之间，不要说这样的话。

   （2）甲：听说你特别爱吃羊肉串儿，一次能吃五十串儿。

   　　乙：看你说的，我哪儿吃得了那么多啊，最多四十九串儿。

练习

一 熟读下面的句子：

1. 客人说的话

（1）哎呀，做了这么多菜啊！
（2）伯母，您辛苦了。
（3）那我们就不客气了。
（4）您做的菜真好吃！
（5）时间不早了，我们该回去了。
（6）谢谢你们的热情招待。
（7）耽误你们这么长时间，真过意不去。
（8）早点儿休息吧。我们就不多打扰了。
（9）别送了，请留步。

2. 主人说的话

（1）不辛苦，只要你们喜欢吃就行了。
（2）我也做不出什么好菜，随便吃点儿吧。
（3）尝尝我做的四川菜。
（4）喜欢吃就多吃点儿。
（5）急什么，再坐一会儿吧。
（6）你们能来我们也很高兴。
（7）欢迎你们常来。
（8）你们明天还得上课，我们就不留你们了。
（9）慢走啊！
（10）那我们就不远送了。

二 两人一组，一人朗读左栏的句子，另一人选用右栏中的句子应答：

您辛苦了。	您别送了，请留步。
随便吃点儿吧。	别这么说。
来，尝尝这个。	您别客气，我自己来。
时间不早了，我们该回去了。	急什么，再坐一会儿吧。
欢迎你们常来。	以后有空儿我们一定来。
慢走啊。	不辛苦，只要你们喜欢就行了。
耽误你们这么长时间，真过意不去。	那我们就不客气了。

三　朗读下面的对话并模仿表演：

1. 甲：　请问，你是做什么工作的？
   乙：　我在银行工作。
   甲：　工作忙吗？
   乙：　工作不太忙，就是工作单位离家远了点儿。
   甲：　那每天要很早起来上班吧？
   乙：　是啊，不过时间长了也就习惯了。

2. 客人：　哎呀，做了这么多菜啊！
   主人：　我也做不出什么好菜，你们随便吃点儿吧。
   客人：　您辛苦了。
   主人：　不辛苦，只要你们喜欢吃我就高兴了。快吃吧！
   客人：　那我们就不客气了。

3. 客人：　时间不早了，我该回去了。
   主人：　急什么，再坐一会儿吧！
   客人：　耽误你这么长时间，真过意不去。
   主人：　哪儿的话，你能来我也很高兴。
   客人：　谢谢你的热情招待。
   主人：　欢迎你常来。
   客人：　以后有空儿我一定来。

4. 同学：　伯父，伯母，我们走了，再见！
   爸爸：　慢走哇！
   同学：　别送了，请留步。
   妈妈：　那我们就不远送了。小文，送送你的同学。

四　在下面做客的情景中应该怎样说话或应答？

1. 寒暄：
   （1）询问（xúnwèn）主人工作的情况。
   （2）询问主人的业余爱好。

2. 吃饭：

（1）看到饭桌上摆（bǎi）满了菜。

（2）主人说："我也做不出什么好菜，随便吃点儿吧。"

（3）主人给你夹菜。

（4）表示自己对菜的喜欢。

3. 告别：

（1）客人想要告别的时候。

（2）主人说："急什么，再坐一会儿吧。"

（3）客人对主人的招待表示感谢。

（4）主人说："欢迎你们常来。"

（5）出门时，主人和客人分别说的话。

五 怎样理解下面的话？

1. 我也做不出什么好菜，随便吃点儿吧。
2. 急什么，再坐一会儿吧。
3. 慢走啊！
4. 您别客气，我自己来。
5. 耽误您这么长时间，真过意不去。
6. 那我们就不客气了。

六 请你说说：

1. 谈谈你的业余爱好。
2. 谈谈你在中国人家里做客的经历。

口语知识（三）

1 语气词"啊"的音变

句尾语气词"啊"的读音由于受到前面一个音节的影响，与前一个音节的末尾音素连读，产生不同的语音变化，有以下一些规律：

（1）前面的音素是 i、ü 时，读 [ia]，写成"呀"。比如：

① 是你呀（nǐ ya）！
② 多白呀（bái ya）！
③ 真快呀（kuài ya）！
④ 谁呀（shéi ya）？
⑤ 我真的不会呀（huì ya）！
⑥ 你快去呀（qù ya）！

（2）前面的音素是 a、o（ao、iao 除外）、e 时，语气词"啊"一般也读 [ia]，写成"呀"。比如：

① 你说的是他呀（tā ya）！
② 这还多呀（duō ya）！
③ 可我没有自行车呀（chē ya）！
④ 这是什么街呀（jiē ya）？
⑤ 你应该好好学呀（xué ya）！

（3）前面的音素是 u（包括 ao、iao）时，读 [ua]，写成"哇"。比如：

① 我一个人去还是不认识路哇（lù wa）！
② 要是我能去该多好哇（hǎo wa）！
③ 别笑哇（xiào wa）！
④ 多可爱的小狗哇（gǒu wa）！
⑤ 这是谁的牛哇（niú wa）？

（4）前面的音素是 n 时，读［na］，写成"哪"。比如：

① 多好看哪（kàn na）!
② 我的天哪（tiān na）!
③ 长安街真宽哪（kuān na）!
④ 他可是个好人哪（rén na）!
⑤ 原来是您哪（nín na）!
⑥ 真困哪（kùn na）!

（5）前面的音素是 ng 时，读［ŋa］，仍写成"啊"。比如：

① 你快唱啊（chàng a）!
② 什么叫急于求成啊（chéng a）?
③ 我怎么听不清啊（qīng a）!
④ 你怎么还不懂啊（dǒng a）!

（6）前面的音节是 zhi、chi、shi、ri 或韵母儿化时，读［a］或［ẓa］，仍写成"啊"。比如：

① 快给我一张纸啊（zhǐ a）!
② 是啊（shì a）!
③ 快吃啊（chī a）!
④ 有这么多节日啊（rì a）!
⑤ 哪儿啊（nǎr a）!

（7）前面的音节是 zi、ci、si 时，读［a］或［za］，仍写成"啊"。比如：

① 谁想吃成胖子啊（zi a）?
② 这么多生词啊（cí a）!
③ 这句话是什么意思啊（si a）?
④ 孩子啊（hái za），听话!

2　汉语口语中常用的几个感叹词

感叹词是表示应答、呼唤或感叹的词，这些词不跟别的词发生组合，可以独立成句。常用的感叹词有以下几个：

（1）啊

"啊"在作感叹词的时候，根据它的不同发音，表示不同的意思。举例来说：

> ① 表示追问：啊（á）？你说什么？
> ② 表示惊疑：啊（ǎ）？我的笔哪儿去了？
> ③ 表示应诺（音较短）：啊（à），就这样吧。
> ④ 表示明白过来（音较长）：啊（à）！是我妈妈寄来的。
> ⑤ 表示惊异或赞叹（音较长）：啊（à）！这儿的风景多美呀！

（2）哎

"哎"在作感叹词的时候，也有不同的发音，表示不同的意思：

> ① 表示招呼：哎（āi），朋友，这套茶具怎么卖？
> ② 表示提醒：哎（āi），我帮了你的大忙，你怎么谢我？
> ③ 表示不满：哎（āi），你怎么这么不懂事？
> ④ 表示疑问：哎（ái），这要到哪儿去取呀？
> ⑤ 表示答应，同意：哎（ài），就这么办吧！

（3）哎呀

> ① 表示惊讶：哎呀！肿得跟馒头似的。
> ② 表示赞叹：哎呀，真香！
> ③ 表示埋怨：哎呀！你怎么在那儿洗呀？
>   有时用于埋怨自己，语气较轻：哎呀，后边是什么我忘了。
> ④ 表示不耐烦：哎呀，别说了！

（4）哎哟

① 表示惊讶：哎哟！都一点了，我还没吃饭呢！
② 表示痛苦：哎哟！疼死我了！
③ 表示无法达到或接受：哎哟！我哪儿会说日语呀！
　　　　　　　　　　　　哎哟！这可不是我干的呀！

（5）咳

① 表示后悔：咳！我把这事忘了。
② 表示惊异：咳！你还真要钱？
③ 表示不满：咳！真是浪费表情！
④ 表示所说的众所周知：咳！哪儿都能洗。
⑤ 用于客气：咳，我也做不出什么好菜，随便吃点儿吧。

（6）嗯

"嗯"在表示不同意思的时候，有不同的发音：

① 表示疑问：嗯（ńg）？这是怎么回事？
② 表示同意或答应：嗯（ǹg），相当不错。
　　　　　　　　　　嗯（ǹg），就照你说的办吧！

（7）哦

"哦"在表示不同意思的时候，也有不同的发音：

① 表示将信将疑：哦（ó）？他真是这么说的？
② 表示领会：哦（ò），我明白了。
③ 表示省悟：哦（ò），明天是中国的重阳节。

（8）噢

> ① 表示明白：噢，原来这个词有这么多意思啊。
> ② 表示了解：噢，我知道了。
> ③ 表示忽然想起：噢，对了，我忘了给他回电话了。

（9）哟

> ① 表示吃惊：哟！油冒烟了！
> ② 表示轻微的惊异：哟，我忘带钥匙了！
> ③ 有时带有开玩笑的语气：哟！俩人在一起挺亲热的呀。

练 习

一 按照"啊"的音变规律，说出下列句中的句尾语气词该是哪一个字，并正确朗读：

1. 这是谁写的诗（　）？
2. 他和同学们一起跳（　），唱（　），觉得自己变年轻了。
3. 这儿的风景多美（　）！
4. 你一小时写了这么多字（　）！
5. 你爬过那么多山（　）！
6. 雨下得好大（　）！
7. 快来（　）！这里的鱼真多（　）！
8. 你家有几个小孩儿（　）？
9. 原来这座城市就是古代的首都（　）！
10. 多好的一个人（　）！

二 选用正确的感叹词填空：

1. （　　）！多么漂亮的建筑哇！（噢、咳、啊）
2. （　　）！你要了这么多菜，哪儿吃得完哪！（哟、噢、嗯）
3. （　　）？他已经回国了？（哎哟、噢、哦）
4. （　　）！吓死我了！（嗯、哎、哎哟）
5. （　　）！你别走哇！（哎呀、哎、啊）
6. （　　）！我怎么又写错了！（哦、噢、咳）
7. （　　）！别吵了！（嗯、哎呀、哟）
8. （　　），我记住了。（哎哟、嗯、哟）
9. （　　），对了！是他给我的。（哎呀、噢、咳）
10. （　　）？她怎么不回电话？（嗯、哟、哎哟）

口语常用语（三）

1 赞同与同意

人们在听别人讲话时，常以点头表示赞同，如果用语言来表示，就有不同的表示方法。"是的""是啊""那是""对""对呀""没错儿"都是常用的短句。除此之外，还有下面一些表示赞同的句子：

（1）就是嘛！
（2）那当然啦！
（3）你说得太对了！
（4）这话有理。
（5）我也是这么想的。
（6）是这么回事。
（7）可不是嘛！
（8）那还用说！
（9）谁说不是呢！

有时候，人们虽然表示赞同，但是从他们使用的语言中可以看出，这种赞同是很勉强的，而且后面往往又带有转折的语句：

（1）这话虽然对，不过……
（2）话虽这么说，可是……
（3）你的话不能说没道理，可……
（4）你说的我倒是相信，但是……
（5）你说的有一定的道理，……
（6）话是不错，万一……

人们对别人的意见、建议表示同意时，一般使用的是"好""好吧""好的""行""可以""没问题""同意"等短句，也可以使用下面的句子：

（1）就这么办吧！
（2）那咱们就说定了。

（3）听你的！
（4）我接受你们的意见。
（5）就按你说的去做。
（6）一言为定！

有时候，这种同意也是勉强的：

（1）事情到了这个地步，只好这么办了。
（2）没别的好办法，那就让他们先试试再说吧！
（3）这次就这样吧，下不为例。
（4）既然大家都不反对，我也只好同意。
（5）你们大家决定吧，我没意见。
（6）我少数服从多数。

2　意见与建议

在学习和生活中，有时你会和周围的人发生一些矛盾，你会对某些现象不满，你希望向对方提出批评，这时，你应该使用恰当的语言表示你的意见。

在一般情况下，提意见的语气应该委婉一些。比如：

（1）你们说话能不能小声点儿？
（2）这样做不太好吧？
（3）我觉得这样做不太合适。
（4）我们不应该这样对待她。
（5）我有个意见，不知道该不该提。
（6）给你们提条意见，行吗？
（7）我对你的做法有些意见。

有时候，人们用希望的方式提出自己的意见。比如：

（1）希望你们能尊重我的意见。

（2）希望你做事多为大家想想。

（3）希望你们多听听学生的意见。

（4）希望你对自己的要求再严格一些。

（5）这是我的意见，希望你们考虑。

当然，人们在生气的时候，提意见的语气就比较强烈一些，句子也多以反问的形式出现。比如：

（1）你怎么能用这种语气跟父母说话？

（2）你们这里的服务太差了！

（3）你干吗挤我？

（4）你这样做太不应该啦！

（5）哪儿有你这么卖东西的！

（6）你这是什么态度！

（7）没见过你这样的人！

建议与意见不同，提意见一般带有不满意的成分，而提建议则是出于一种好心，给大家或某一个人出个主意，使对方知道怎么做、在某一方面得到改进或做得更好。提建议多为商量的语气。比如：

（1）你先看一下外面的课表，上面都有介绍，然后再来选课。

（2）你可以走着去嘛！

（3）打个电话不就行了？

（4）你们应该先找旅馆住下来，然后再去买东西。

（5）在商场里建个儿童乐园，会吸引更多的顾客。

（6）这种鞋颜色不好看，我看别买了。

当对方犹豫不决、拿不定主意时，提建议的人常常是帮助对方选择。比如：

（1）我看你先找个研究生辅导吧。

（2）你还是买辆自行车吧。

（3）你最好先买点儿尝尝。

（4）这样吧，我去买菜，你来做饭。
（5）把床放这儿怎么样？
（6）我看不如去校医院。
（7）要不这样，我们都不做饭，一起去饭馆儿吃吧！

提意见或建议的时候，一般也要谦虚几句。比如：

（1）我的意见也不一定对，仅供参考。
（2）这只是我的一点看法，对不对请大家批评指正。
（3）我只是随便说说，说错了请多包涵。

第十三课　你教我做这个菜吧

热身话题

1. 你会不会做饭？会不会做中国菜？
2. 说出几个中国菜的名字。

玛　丽：　王峰，你妈妈做的菜真好吃，要是我妈妈也会做这些菜该多好！

王　峰：　为什么要让妈妈做呢？你自己不会学着做吗？

玛　丽：　我哪儿会做呀？我从来就没做过菜！

王　峰：　其实做菜没有什么难的，一学就会。你看我，不是也会做几个菜吗？

玛　丽：　可是"说起来容易，做起来难"哪。对了，我想起来了，你那个"炒土豆"做得不错，我常吃土豆，可从来没吃过炒土豆。

王　峰：　那不是"炒土豆"，是素炒土豆丝。

玛　丽：　对不起，我忘了。哎，对了，你教我做这个菜吧！

王　峰：　行啊，你有厨房用具吗？

玛　丽：	有哇，我们留学生楼里有个公用厨房，有几个同学很喜欢自己做饭，我可以跟他们借。
王　峰：	那好，如果调料都有的话，你买几个土豆和青椒就行了。
玛　丽：	那就这么定了，明天辅导的一个重要内容：学做中国菜。

（第二天晚上，在留学生楼的厨房）

王　峰：	玛丽，东西都准备好了？
玛　丽：	那当然了！土豆、青椒、葱、油、盐、醋都有了，你看还缺什么？
王　峰：	差不多了。
王　峰：	那咱们开始吧！咱们先把土豆、青椒、葱切成丝。我切土豆，你来切青椒。
玛　丽：	怎么切呀？
王　峰：	切成细丝，越细越好。注意别切了手。

（过了一会儿）

玛　丽：	王峰，你还真行，土豆丝切得那么细。你看我，青椒切得像树叶似的。
王　峰：	没关系，再切几刀不就行了？
玛　丽：	还是你来切吧，要不有的粗，有的细，放在一起多难看哪！
王　峰：	好吧，我来切，你去点火。
玛　丽：	（点着火）锅热了，先放什么呀？
王　峰：	先倒点儿油。
玛　丽：	倒多少哇？
王　峰：	你倒吧，我看着。倒……再倒一点儿……哎呀，倒多了。
玛　丽：	哎！油冒烟了！
王　峰：	快放葱丝。
玛　丽：	葱丝在哪儿？
王　峰：	你呀！还是我来吧。你在旁边注意看我做。
玛　丽：	行，我瞪大眼睛看着。
王　峰：	（边说边做）放上葱丝，炒几下儿，然后把土豆丝放进去，再放几滴醋，这样炒出来的土豆丝是脆的，好吃。炒一会儿以后，把青椒放进去

一起炒。炒到差不多熟了的时候，再放点儿盐，素炒土豆丝就做好了。来，你尝尝。

玛 丽： 哎呀，真香！

王 峰： 怎么样？炒菜不太难吧？

玛 丽： 看你做倒是挺容易的，就是不知道我能不能做好。还有，我怎么知道熟没熟呢？

王 峰： 差不多的时候你可以尝一尝啊，以后有了经验，一看菜的颜色就知道了。

玛 丽： 那盐要放多少呢？

王 峰： 那就要看你的口味了，喜欢吃咸的就多放点儿。不过开始的时候，你可得少放点儿，不够再加。要是一下子放多了，那就没办法了。

玛 丽： 我明白了。王峰，你什么时候再教我做几个菜？等我学会了，回美国帮我爸开个中国饭馆儿。

王 峰： 哎呀，那我可吃不着了！

玛 丽： 谁知道呢！也许你以后会去美国留学的。

王 峰： 要是那样的话，我天天去你家的饭馆儿吃饭。

玛 丽： 当然可以，而且免费招待，不过，那时候我要聘你做我的大师傅。

王 峰： 啊？还是我做呀？

词 语

1	从来	cónglái	（副）	ever since; always; at all times
2	炒	chǎo	（动）	to fry; to stir-fry
3	土豆	tǔdòu	（名）	potato
4	丝	sī	（名）	a threadlike thing
5	用具	yòngjù	（名）	utensils
6	调料	tiáoliào	（名）	flavouring; seasoning
7	青椒	qīngjiāo	（名）	green pepper
8	葱	cōng	（名）	spring onion; scallion

9	盐	yán	（名）	salt
10	醋	cù	（名）	vinegar
11	缺	quē	（动）	to be short of
12	切	qiē	（动）	to cut; to chop; to slice
13	细	xì	（形）	thin; slender
14	叶	yè	（名）	leaf
15	似的	shìde	（助）	it seems; as if
16	粗	cū	（形）	thick
17	点（火）	diǎn(huǒ)	（动）	to light (a fire)
18	锅	guō	（名）	pot
19	冒	mào	（动）	to give off; to emit
20	烟	yān	（名）	smoke
21	瞪	dèng	（动）	to open (one's eyes) wide; to glare
22	滴	dī	（量）	drop (a measwre word for liquid)
23	脆	cuì	（形）	crispy
24	熟	shóu	（形）	(of food) cooked; done
25	经验	jīngyàn	（名）	experience
26	口味	kǒuwèi	（名）	a person's taste
27	咸	xián	（形）	salty
28	聘	pìn	（动）	to hire

注 释

1. 说起来容易，做起来难

   俗语，表示计划做某件事情不难，实施起来却并不容易。

2. 大师傅

   指厨师。

语句理解

1. 你还真行

   对对方意外表现出来的才能表示赞美。比如：

   （1）甲：我翻译得怎么样？

   　　乙：你还真行！什么时候学的法语？

（2）电脑修好了？你还真行啊！

2. 像树叶似的

"像……似的"表示跟某种事物或情况相似。比如：

（1）那个小姑娘的脸红得像苹果似的。

（2）他站在那里不说话，好像不认识我似的。

3. 你呀

有埋怨对方的意思。比如：

（1）甲：妈妈，我把别人的窗户打破了。

　　乙：你呀，净给我找麻烦。

（2）甲：我真的不会做饭。

　　乙：你呀，只会吃！

4. 谁知道呢

表示对事情不了解或很难预测。比如：

（1）甲：这个菜又好吃又好看，是怎么做的呀？

　　乙：谁知道呢。

（2）甲：我看这次北京队一定打不过上海队。

　　乙：谁知道呢！

（3）甲：他们俩吵得那么厉害，会不会分手哇？

　　乙：谁知道呢！

练 习

一 用正确的语调朗读下面的反问句：

1. 你自己不会学着做吗？
2. 我哪儿会做呀？
3. 你看我，不是也会做几个菜吗？

4. 再切几刀不就行了？
5. 谁知道呢！
6. 啊？还是我做呀？

二 朗读下面的对话，然后分别用加点的词语再做一个对话练习：

1. 甲：我要是能去黄山看看该多好！
   乙：放假的时候咱们一块儿去吧！

2. 甲：你出去的时候帮我买张充值卡吧！
   乙：你自己不会去买吗？

3. 甲：你应该让他自己洗。
   乙：他呀，从来就没自己洗过衣服。

4. 甲：那个展览怎么样？
   乙：宣传（xhānchuán）得挺热闹，其实没有什么看的。

5. 甲：坐火车去上海要多长时间？
   乙：那就要看你坐什么车了，坐快车五个多小时，坐慢车得十几个小时。

三 根据所给的情景选用下面的词语会话：

要是……该多好 从来没……过 其实没有什么……的 你还真行 像……似的
……不就行了   你呀   那就要看……   谁知道呢

1. 谈谈学校食堂的饭菜。
2. 谈谈你的专长（zhuāncháng）。
3. 谈谈你去过的一个风景名胜。

四 用适当的单音节动词填空：

倒　切　点　洗　炒　放

　　素炒豆芽儿（dòuyár）的做法其实很简单。先把豆芽儿____干净，再把葱____成丝。准备好以后，把火____着，往锅里____一些油，等油热了，把葱丝和豆芽儿先后____进锅里，____一会儿，____上盐（也可以再____几滴醋），"素炒豆芽儿"就做好了。

五 请你说说：

1. 除了"丝"以外，菜还可以切成"条、块、片、丁"等等，说出几个有这些词的菜名。
2. 除了"炒"以外，常见的烹调（pēngtiáo）方法还有"炸（zhá）、煮（zhǔ）、蒸（zhēng）、烧（shāo）、烤（kǎo）"等等，说出几个有这些词的菜名。
3. 除了课文中提到的蔬菜以外，你还知道哪些蔬菜的名字？
4. 除了"油""盐""醋"以外，你还知道哪些调料的名字？

六 成段表达：

1. 说出"素炒土豆丝"的做法。
2. 说出一种菜的做法。

七 实践活动：

如果有条件，办一个聚餐会（jùcānhuì），每人做一个菜，最后选出本班最佳（jiā）厨师（chúshī）。

补充材料

根据下面所给的材料，谈谈饺子的做法和吃法。

一、原料：

面粉　肉末（mò）　菜末　酱油　料酒　香油　精盐　葱末　姜（jiāng）末

二、厨房用具：

刀　案板　擀（gǎn）面杖　面盆　煮锅　漏勺（lòusháo）　筷子

三、做法：

1. 把面粉倒入面盆，加水和（huó）成较硬的面团，在上面盖上一块湿布，饧（xíng）一段时间。
2. 把肉末放入容器内，先放入酱油，用筷子搅拌（jiǎobàn）均匀（jūnyún），然后依次放入料酒、姜末、葱末、香油等，一边放，一边搅拌，最后放入切碎的青菜和盐，搅拌均匀，饺子馅儿就准备好了。
3. 将饧好的面团放在案板上，切下一块，搓（cuō）成长条，揪（jiū）或切成大小均匀的剂（jì）子，分别揉（róu）圆，按扁，然后用擀面杖擀成圆皮，将馅儿放在面皮中间，两边包起来（最好前小后大，后边捏（niē）出褶（zhě）

子，饺子呈（chéng）半圆形，这样可以站住），就成了饺子。

4. 在锅内放水，烧开后将生饺子放入锅内，用漏勺推动，防止饺子粘（zhān）在锅底上，然后盖上盖儿煮一会儿，等锅开后，往锅里加一点儿凉水盖上锅盖儿再煮，待锅再开后，打开锅盖儿煮一会儿，饺子就熟了，用漏勺把饺子捞（lāo）出来，放在盘子里。

5. 准备小碟儿（diér），里面放一点儿醋，用筷子夹起饺子蘸（zhàn）醋吃（有人喜欢在碟里加些酱油，也有人喜欢放一点儿白糖）。北方人吃饺子时喜欢就着蒜（suàn）吃。

第十四课　我还是喜欢中国的民歌

热身话题

1. 你喜欢唱歌吗？喜欢唱什么歌曲？
2. 你最喜欢的歌星是谁？
3. 你听过或者会唱哪些中国歌曲？希望学什么中国歌曲？

（在玛丽的宿舍里）

玛　丽：　哎，王峰，今天上课的时候，我们班口语老师教我们唱了一首中国的流行歌曲，叫……叫什么来着？反正是你们男生唱的歌。

王　峰：　很多歌男女都能唱。

玛　丽：　这歌可不适合我们女生唱。老师给我们放了这首歌的视频，里面那个男的一边跳，一边扯着嗓子吼。

王　峰：　听你的口气，你是不喜欢这首歌了？

玛　丽：　听听还可以，我可唱不了。不过我们班的男生唱得倒挺带劲儿，一唱起来震得我耳朵都疼。

王　峰：　那你喜欢什么样的歌？

玛　丽：　我喜欢慢一点儿的，温柔一点儿的，像《月亮代表我的心》《明天你是否依然爱我》什么的。

王　峰：　你知道的还不少嘛！

玛　丽：　我的同屋喜欢这些歌。她经常看下载歌曲的网站。她整天听，我也就会跟着哼哼了，要是让我唱我还真唱不了，歌词都不知道是什么。

王　峰：　想学吗？我教你。

玛　丽：　你也喜欢唱歌？你可真行啊！打球、做饭、唱歌，样样都会。

王　峰：　你先别夸我，我也是那种"扯着嗓子吼"的人，要是我一开口，说不定你就会捂着耳朵跑出去。

玛　丽：　不至于吧。

王　峰：那我就凑合着教吧。你说，想学什么？

玛　丽：你最好教我唱中国民歌，和流行歌曲比起来，我还是喜欢中国的民歌，特别是中国少数民族的民歌。我在美国的时候，买过中国民歌的CD，学过几首，不过全都忘得差不多了。

王　峰：你想学哪个民族的歌呢？

玛　丽：我都想学。

王　峰：你学得过来吗？我告诉你，中国有五十六个民族呢！要是都学，够你学一辈子的。

玛　丽：那就教我几首你喜欢的歌吧。

王　峰：这样吧，我回去在网上下载几首，下次辅导时用U盘带过来，你先听听，喜欢哪首我就教你哪首，怎么样？

玛　丽：那太好啦！

（两天后）

玛　丽：帮我下载民歌了吗？

王　峰：忘不了，早就准备好了。

玛　丽：快让我看看。（打开电脑）哟，这么多！

王　峰：这还算多呀？

玛　丽：哎，这首《康定情歌》我在美国学过，好像是"跑马溜溜的山上，一朵溜溜的云哟……"哎呀，我忘了后边是什么词了。

王　峰：这是四川康定一带的藏族歌曲。

玛　丽：这首《茉莉花》好像我也听过，可是我不会唱。

王　峰：这是中国南方的汉族民歌。你再听听这首蒙古族的，名字叫《敖包相会》。

玛　丽：真好听！不过听起来调挺高的，我可能唱不上去。

王　峰：那就降两个调。

玛　丽：哎，我忘了问你，你是哪儿的人哪？

王　峰：中国人哪！

玛　丽：我还不知道你是中国人？我问你是从中国哪个地方来的。

第十四课　我还是喜欢中国的民歌

王　峰：我是北京人。
玛　丽：你们北京有什么好听的民歌吗？
王　峰：我还真不清楚。哎，北京儿歌倒是很有名的。
玛　丽：什么是儿歌？
王　峰：就是小孩子唱的歌。（模仿小孩子的语气，带表演地）"小白兔，白又白，两只耳朵竖起来，爱吃萝卜爱吃菜，蹦蹦跳跳真可爱。"
玛　丽：笑死我了！我说王峰，我现在明白为什么你说话那么有意思了，看来是北京文化对你的影响。
王　峰：北京人说话是挺幽默的，要是你有空儿去听听北京老人聊天儿，那才有意思呢！

词　语

1	民歌	míngē	（名）	folk song
2	流行歌曲	liúxíng gēqǔ		popular song
3	反正	fǎnzheng	（副）	anyway
4	放	fàng	（动）	to play
5	视频	shìpín	（名）	video
6	扯（嗓子）	chě (sǎngzi)	（动）	to raise one's voice

7	嗓子	sǎngzi	（名）	throat
8	吼	hǒu	（动）	to roar; to howl
9	口气	kǒuqì	（名）	tone; implication
10	带劲儿	dàijìnr	（形）	energetic; interesting; exciting
11	震	zhèn	（动）	to shake; to shock
12	温柔	wēnróu	（形）	tender
13	依然	yīrán	（副）	still
14	哼	hēng	（动）	to hum
15	捂	wǔ	（动）	to cover
16	凑合	còuhe	（动）	to make do
17	少数民族	shǎoshù mínzú		minority
18	民族	mínzú	（名）	nationality
19	首	shǒu	（量）	(a measure word for a poem or a song)
20	一辈子	yíbèizi	（名）	all one's life
21	U 盘	U pán	（名）	U-disk, usb stick
22	调	diào	（名）	tune; melody
23	降	jiàng	（动）	to lower; to fall; to drop
24	模仿	mófǎng	（动）	to imitate
25	兔（子）	tù(zi)	（名）	rabbit
26	竖	shù	（动）	to stand; to erect
27	萝卜	luóbo	（名）	radish
28	蹦	bèng	（动）	to leap
29	幽默	yōumò	（形）	humorous

注 释

1. 藏（zàng）族

    中国西南部的一个少数民族。

2. 蒙古（měnggǔ）族

    中国北部的一个少数民族。

3. 敖包（áobāo）

    蒙古族人做路标和界标的堆子，用石、土、草等堆成。

语句理解

1. 叫什么来着

   "……来着"用在问句中,多表示已经知道,但一时想不起来了,希望得到别人提醒;或者是听到对方的话而没听清楚,希望对方再说一遍。比如:

   (1)你住在几号楼来着?我突然想不起来了。

   (2)你刚才说什么来着?我没听清楚。

2. 听你的口气

   根据对方所说的,判断对方想说而没说或不愿明确说出口的话。比如:

   (1)甲:我现在做买卖也很需要钱。

   乙:听你的口气,是不打算把钱借给我了?

   (2)甲:老师,听说有的学校圣诞节不上课。

   乙:听你的口气,你也想放假?

3. 那才有意思呢

   "那才……呢"用于比较,表示说话人提出的内容在程度上更高。比如:

   (1)甲:这个饭馆儿的麻婆豆腐做得不错。

   乙:这不算什么,有机会你尝尝我做的,那才好吃呢。

   (2)甲:隔壁常常大声放音乐,真吵。

   乙:这还算吵啊?我家旁边就是工地,白天晚上都干活儿,那才吵呢!

练 习

一 下面是民歌《茉莉花》的歌词,朗读并学会演唱这首民歌:

好一朵美丽的茉莉花(mòlihuā),

好一朵美丽的茉莉花,

芬芳(fēnfāng)美丽满枝桠(zhīyā),

又香又白人人夸,

我要把你来摘(zhāi)下,

送到别人家。

茉莉花呀茉莉花。

二 朗读下面的句子，并替换句子中画线部分的词语：

1. 听你的口气，你是不喜欢这首歌了？
2. 听听还可以，我可唱不了。
3. 你知道的还不少嘛！
4. 你可真行啊！打球、做饭、唱歌，样样都会。
5. 那我就凑合着教吧。
6. 和流行歌曲比起来，我还是喜欢中国的民歌。
7. 忘得差不多了。
8. 你学得过来吗？
9. 够你学一辈子的。
10. 那才有意思呢！

三 用"来着"提问：

1. 忘了美国最有名的篮球运动员的名字。
2. 忘了某个菜的名字。
3. 忘了别人请自己买什么书。
4. 想知道老师刚才留的作业是什么。
5. 没听清楚见面的时间或地点。

四 朗读下面的对话，然后选用加点的词语进行对话，谈论你喜欢的歌曲、歌星或演唱形式：

甲：上个周末你怎么过的？

乙：我去听了场流行歌曲演唱会。

甲：是吗？唱得怎么样？

乙：咱们这儿有名的歌星差不多都来了。观众们一边听歌，一边跳舞，可带劲儿了！有的观众扯着嗓子吼，把我耳朵都震疼了。

甲：听你的口气，你对流行歌曲很感兴趣呀？

乙：当然啦！我喜欢听，更喜欢唱。

甲：那你会唱什么歌呢？

乙：可多啦，中国有名的流行歌曲、民歌什么的我都会唱。

甲：你可真行啊！平时你有机会唱歌吗？

乙：我喜欢弹（tán）吉他（jítā），没事的时候我常在湖边自弹自唱，周末的时候也常和朋友一起去歌厅（tīng），唱卡拉OK，反正有机会就唱一唱。

甲：你喜欢民谣（mínyáo）或古典（gǔdiǎn）歌剧吗？

乙：有时候也喜欢听，不过和传统的比起来，我还是更喜欢现代的，好听好学也好唱。

五 根据要求选用所给的词语表达：

1. 谈谈一个喜欢唱歌的朋友。
   （整天 扯着嗓子 放 CD 哼 带劲儿 调）

2. 准备为大家演唱。
   （流行歌曲 民歌 视频 调 降 凑合 歌词 唱不上去）

3. 介绍你了解的中国歌曲。
   （CD 视频 流行歌曲 民歌 调 歌词 教）

六 成段表达：

谈谈你最喜欢的一首歌、一个歌手或演唱组。

参考词语：

歌手   节奏（jiézòu）   内容   伴奏   音乐   乐队
演唱   歌迷   表达（biǎodá）   风格（fēnggé）

七 实践活动：

举行中国歌曲演唱会，每人演唱一首中国歌曲；有条件的，可以举行卡拉OK比赛。

第十五课　找一座有名的山去爬

热身话题

1. 你喜欢爬山吗？学校附近有什么比较有名的山？
2. 介绍一座你去过或者知道的中国名山。

玛　丽：　王峰，刚才我去商店，看见好多学生又买面包，又买矿泉水，好像都要出门旅行似的。这是怎么回事？

王　峰：　明天是中国的重阳节，又是周末，学生会组织爬山活动，我也去。你想不想去？

玛　丽：　重阳节？我听说是在九月，可明天是十月十五号哇。

王　峰：　那是公历。按照农历的算法，明天是九月初九。

玛　丽：　什么叫农历呀？

王　峰：　农历是中国传统的历法，和咱们现在用的公历不一样，一般要比公历晚一个月左右。

玛 丽：	那重阳节都做些什么呀？要是我没猜错的话，肯定会有一种节日食品。
王 峰：	就算你猜对了吧！重阳节主要是北方人的节日，这时候，秋高气爽，庄稼丰收了，菊花开了，山上的枫叶也都红了，人们心里特别高兴。古代的时候，每到这一天，人们都要去爬山，还要赏菊花，喝菊花酒，做诗，放风筝，烤肉，还有一种好吃的东西叫"重阳糕"，不能去爬山的人应该吃这种糕。
玛 丽：	你说得我都馋了。
王 峰：	遗憾的是现在很难吃到这种食品了！很多活动你现在想看也看不到了。
玛 丽：	那你们现在重阳节干些什么？
王 峰：	到郊外去爬山哪！现在正是山上的红叶最漂亮的时候。明天你只要到有山的地方去，爬山的人可多了！很多地方还要组织登山比赛呢。
玛 丽：	重阳节这一天为什么要爬山呢？
王 峰：	过去传说在这一天爬山能消灾免祸。现在人们当然不一定这么想了，只是利用这个节日，活动活动，玩儿一玩儿。当然，登山也是一项很好的运动嘛！
玛 丽：	那重阳节的时候你们去爬哪座山呢？
王 峰：	看情况，要是重阳节赶上周末，我们就跑得远一点儿，找一座有名的山去爬。
玛 丽：	中国有哪些有名的山呢？
王 峰：	有名的山太多啦！泰山、黄山、庐山……你要是想爬高一点儿的山，还有珠穆朗玛峰。
玛 丽：	那我哪儿爬得上去呀？还是在学校附近找个小山爬吧。哎，重阳节年轻人都去爬山，老年人怎么办呢？
王 峰：	老人能爬山的也爬呀！除了爬山，很多地方专门给老年人组织一些娱乐活动，有些城市还把这一天定为敬老日，组织年轻人帮老人做些事情。
玛 丽：	想得真周到，那重阳节也可以说是老人的节日了。
王 峰：	没错儿。哎，说了半天，你明天到底去不去呀？
玛 丽：	我当然想去啦！可是现在太晚了，我什么吃的喝的都没准备呢！

王　峰：你什么都不用带，我们都准备好了。

玛　丽：有烤肉吗？

王　峰：烤肉你可吃不上。

玛　丽：为什么呢？

王　峰：山上不许点火。万一着起火来，咱们自己就成烤肉了！

词　语

1	矿泉水	kuàngquánshuǐ	（名）	mineral water
2	传统	chuántǒng	（形、名）	traditional; tradition
3	历法	lìfǎ	（名）	calendric system
4	猜	cāi	（动）	to guess
5	秋高气爽	qiū gāo qì shuǎng		The autumn sky is clear and the air is crisp.
6	庄稼	zhuāngjia	（名）	crops
7	丰收	fēngshōu	（动）	good harvest
8	菊花	júhuā	（名）	chrysanthemum
9	枫叶	fēngyè	（名）	maple leaves
10	赏	shǎng	（动）	to enjoy; to admire
11	诗	shī	（名）	poem
12	风筝	fēngzheng	（名）	kite
13	烤	kǎo	（动）	to roast
14	糕	gāo	（名）	cake
15	遗憾	yíhàn	（形）	deep regret; pity
16	郊外	jiāowài	（名）	suburb
17	组织	zǔzhī	（动）	to organize
18	登	dēng	（动）	to climb
19	传说	chuánshuō	（动）	it is said
20	消灾免祸	xiāo zāi miǎn huò		to avoid and dispel disaster
21	利用	lìyòng	（动）	to make use of
22	项	xiàng	（量）	(a measure word for items)
23	专门	zhuānmén	（副）	especially
24	周到	zhōudào	（形）	considerate

25	到底	dàodǐ	（副）	(used in an interrogative sentence for emphasis)
26	不许	bù xǔ		not allow
28	着火	zháo huǒ		to catch fire

注释

1. 重阳节

   农历九月初九为"重阳节",是中国传统节日。中国古人把一、三、五、七、九称为阳数,九是最高的阳数,九月初九就被称为"重阳",又称为"重九"。中国有"重阳登高"的习俗,据说这一天登高可以消灾免祸。

2. 农历与公历

   农历是中国传统的历法,也称"旧历"或"阴历"。公历是现在大多数国家通用的历法。农历的时间一般比公历晚一个月左右。

3. 泰山（Tài Shān）

   中国名山,在山东省中部,海拔1524米,被称作"五岳之首"。

4. 黄山

   中国有名的风景区,在安徽省南部,主峰高1841米,以奇松、怪石、云海、温泉著称。

5. 庐山（Lú Shān）

   中国休养、游览胜地,在江西省北部,最高峰1474米,云海弥漫,有"不识庐山真面目"之说。

6. 珠穆朗玛峰（Zhūmùlǎngmǎ Fēng）

   在中国西藏自治区和尼泊尔交界处,是喜马拉雅山的主峰,海拔8850米,为世界最高峰。

语句理解

1. 要是我没猜错的话

   委婉地表示对某人或某事物肯定的意见或看法。比如:

   （1）甲:老板为什么这么急着开会?

   乙:要是我没猜错的话,准是为了昨天顾客投诉（tóusù）那件事。

（2）甲：今天他脸色怎么那么难看哪？

乙：要是我没猜错的话，肯定是因为这次没考好。

2. 遗憾的是

"……的是"表示强调或转折。比如：

（1）有钱没钱不要紧，重要的是人品好。

（2）昨天在电视里看的电影真不错，可惜的是我忘了电影的名字。

3. 看情况

表示根据不同情况采取不同的对策。比如：

（1）甲：听说今天有雨，咱们还比赛不比赛了？

乙：看情况吧，雨小就比。

（2）甲：过两天去上海，咱们怎么去呀？

乙：看情况，如果火车票买不到，就坐飞机。

练 习

一 用正确的语调朗读下面的句子，注意句尾语气词的发音：

1. 可明天是十月十五号哇！
2. 什么叫农历呀？
3. 到郊外去爬山哪！
4. 重阳节这一天为什么要爬山呢？
5. 登山也是一项很好的运动嘛！
6. 有名的山太多啦！
7. 那我哪儿爬得上去呀？
8. 你明天到底去不去呀？

二 用"……的是"完成下面的句子：

1. 没考上大学不要紧，_____。
2. 旅行时丢了钱包不要紧，_____。
3. 这种节日食品很好吃，_____。
4. 山上的风景很漂亮，_____。
5. 我们周末要去泰山玩儿，_____。

三 朗读下面的对话，并用加点的语句再做一个对话练习：

1. 甲：啊！我找到我的手机啦！
   乙：看你，高兴得像个孩子似的。

2. 甲：你知道这件衣服是用什么材料做的吗？
   乙：要是我没猜错的话，是纸做的吧？

3. 甲：晚上的比赛可精彩了，你不想看吗？
   乙：我当然想看了，遗憾的是哪儿都买不着票。

4. 甲：你打算选什么课呀？
   乙：看情况，哪门课人少我就选哪门。

四 下面的词语中都含有"山"字，请查词典后，说说这些词语的意思：

万水千山　　愚（wú）公移（yí）山　　开门见山　　有眼不识泰山
名落孙山　　海誓（shì）山盟（méng）　　山穷水尽　　山珍（zhēn）海味

五 请你介绍：

1. 你们国家有名的山和与这座山有关的活动。
2. 你知道的中国其他传统节日。
3. 你们国家的一个传统节日和主要的活动。

六 组织一次登山活动，回来后请同学们谈谈这次活动的体会。

补充材料

北京的山

甲：除了学习，你还喜欢干什么？

乙：我喜欢爬山。

甲：北京的山你爬过几座？

乙：几座？你说得太少了点儿！告诉你，凡是你知道的山，我都爬过。

甲：你先别吹，我知道的山可多啦！

乙：我爬过的山也不少！

甲：那我问你，万寿山你爬过吗？

乙：当然爬过啦！万寿山在颐和园里，听说谁能爬上去，谁就能长寿，所以我差不多每个星期都爬一次万寿山。

甲：每个星期？次数还真不少。看来你能活二百岁。我再问你，八达岭你去过吗？

乙：那还用说！世界闻名的八达岭长城我能不去吗？中国有句名言："不到长城非好汉。"别说八达岭了，慕田峪长城、司马台长城、河北省的金山岭长城，我都去过。

甲：你跑得真够远的！

乙：我想当一条好汉嘛！

甲：你还去过哪些山？

乙：去的可多啦！往近处说，城里城外那些用山命名的公园我都去过，像香山公园、景山公园、中山公园……

甲：哎！这中山公园可跟山没关系！"中山"指的是中国著名人物孙中山，这公园是以孙中山的名字命名的。

乙：我说中山公园里怎么没有山呢！再往远处说，金山、百花山、妙峰山、玉泉山……你听听，北京的山名一个比一个好听。

甲：是啊！要是叫"泥山""土山""臭山"的，还有人去吗？

乙：我还去过西山、上方山、灵山、石景山……

甲：等等！石景山是北京的一个区，那是山吗？

乙：不管怎么说，反正北京带"山"字的地方我都去过。

甲：我说几个山你就不一定去过。

乙：你说说看！

甲：煤山——你去过吗？

乙：煤山？挖煤的山？我没事儿爬煤堆干吗？

甲：不是挖煤的山，景山公园里的山过去就叫煤山。中国明朝最后一个皇帝就吊死在那儿。

乙：是吗？这山真够倒霉的！我还是少去吧！

甲：还有一座山——八宝山，你去过吗？

乙：八宝山？还真没去过！不过听起来耳熟。

甲：你在哪儿听说过？

乙：对！我想起来了！昨天在路上，我骑自行车差点儿和一辆汽车撞上。那司机伸出头来，朝我喊了一句："想去八宝山哪？"我刚想问他八宝山在哪儿，他开车就走了。八宝山我还真不知道在哪儿。你去过吗？

甲：没有！我也不想去！去了就回不来了！

乙：怎么？还要在那儿过夜？

甲：过夜？你要是去了那儿，这辈子就别想回来了！

乙：怎么回事？你都把我说糊涂了！

甲：告诉你吧！八宝山是火葬场，人死了才去那儿呢！

乙：那我可不去！

（摘自刘德联、高明明《趣味汉语》）

第十六课　我们想了解一下儿留学生的周末生活

热身话题

1. 你喜欢过周末吗？为什么？
2. 周末的时候你经常做些什么？

记　者：　你们好，我是电视台《快乐周末》节目的记者，我们想了解一下儿留学生的周末生活，你们能接受我们的采访吗？

玛　丽：　哎呀，我可是第一次跟电视台记者谈话，真不知道说些什么。大卫，你见多识广，你先说吧！

大　卫：　看把你紧张得！好，我说说我自己吧。我周末的时候比较忙。我喜欢运动，你一看我的个子就一定知道我喜欢什么运动了吧？

记　者：　肯定是打篮球。

大　卫：　没错儿，我原来是我们大学校队的，参加过全国比赛。现在我们几个篮球"发烧友"自己组织了一个篮球队，周末常常出去比赛。不是吹牛，我们到现在还没遇到过真正的对手呢。

记　者：	那么厉害？我们电视台有个很不错的记者篮球队，好几个队员以前都是专业队的。怎么样？敢不敢跟我们较量较量？
大　卫：	那还用说。你定个日子吧！
记　者：	除了打球，你周末还有什么活动呢？
大　卫：	我还喜欢和朋友一起骑自行车去郊外玩儿。
记　者：	你们喜欢去什么地方呢？
大　卫：	主要是有山的地方。我们很早就出发，有时骑好几个小时，往有山的地方骑。骑到一个地方，一看不错，扔下车就爬山。我们大学北边这些山差不多都被我们"征服"了。
记　者：	你的周末生活真丰富。跟你商量一下儿，下次你们出去的时候，我能不能随队采访？
大　卫：	当然欢迎啦！不过你得跟我们一起骑车去。
记　者：	没问题。告诉你，我原来也当过运动员！
大　卫：	那好，下次我们比赛爬山，怎么样？
记　者：	一言为定！
大　卫：	我就说到这儿吧！安娜，该你说了。
安　娜：	说实在的，我最喜欢过周末了。你想，学了一个星期，周末的时候还不该好好放松一下儿吗？我喜欢唱歌，常和朋友去唱卡拉OK。
记　者：	你的爱好也挺不错的。
安　娜：	现在流行的歌曲，我差不多全会唱。对了，上星期我们学院开了个中国歌曲演唱会，我还获奖了呢！
记　者：	你愿不愿意到电视台去唱唱啊？
玛　丽：	那她可求之不得。
安　娜：	要是能到电视台去演出，我就把演出的录像从网上给我妈妈传过去，让她也高兴高兴。
记　者：	这没问题，我回去联系一下儿，有机会就让你上电视台去唱唱。
玛　丽：	那她可美坏了！
记　者：	除了唱歌，你还做些什么？

安　娜：跳舞哇！我最喜欢去舞厅，特别刺激。我周末也常参加我们大学里的学生舞会，在那儿可以认识很多中国朋友。

玛　丽：她就喜欢唱歌跳舞，我说她进错了大学，应该去什么音乐学院、舞蹈学院。

安　娜：别说我了，还是介绍介绍你自己吧！

玛　丽：其实我真没什么可说的，有时候自己都不知道周末干了些什么，也就是洗洗衣服，收拾收拾房间，和朋友聊聊天儿，要不就上街买书，买衣服，或者看看电视，周末就稀里糊涂过去了。

记　者：你们周末都没有约会吗？

玛　丽：我还没有男朋友呢！当然，男的好朋友有几个，不过我们只是朋友。我还真想有个喜欢我、关心我、爱我的男朋友呢！

安　娜：电视台有个征婚节目，好像叫"非诚勿扰"还是叫什么。你要是在电视里露一面，保证天天会有人给你打电话。

玛　丽：你饶了我吧，要是天天有人给你打电话，你烦不烦哪？

词　语

1	记者	jìzhě	（名）	reporter; journalist
2	电视台	diànshìtái	（名）	TV station
3	节目	jiémù	（名）	program
4	接受	jiēshòu	（动）	to accept
5	采访	cǎifǎng	（动）	to interview; to cover
6	见多识广	jiàn duō shí guǎng		experienced and knowledgeable
7	原来	yuánlái	（名）	original
8	吹牛	chuī niú		to boast; to brag
9	对手	duìshǒu	（名）	match
10	专业队	zhuānyèduì	（名）	professional team
11	较量	jiàoliàng	（动）	to have a contest
12	出发	chūfā	（动）	to set out; to start off
13	扔	rēng	（动）	to abandon; to cast aside; to leave behind
14	征服	zhēngfú	（动）	to conquer
15	随	suí	（动）	to follow

16	获奖	huò jiǎng		to win prize
17	求之不得	qiú zhī bù dé		most welcome; more than one could wish for
18	舞厅	wǔtīng	（名）	dance hall
19	刺激	cìjī	（动）	exciting
20	舞蹈	wǔdǎo	（名）	dance
21	稀里糊涂	xīlihútú	（形）	muddleheaded
22	约会	yuēhuì	（名）	appointment; engagement
23	征婚	zhēng hūn		to advertise for marriage
24	露面	lòu miàn		to appear; to show one's face
25	保证	bǎozhèng	（动）	to assure
26	烦	fán	（动）	to annoy; to upset

注　释

1. 发烧友

对某项活动非常迷恋、专注的人，狂热的爱好者。

2. 非诚（chéng）勿（wù）扰

本意是"如果不是真心想做这件事，就不要来打扰"。中国一家电视台征婚节目的名字就叫"非诚勿扰"。

语句理解

1. 告诉你

表示提醒别人注意，有时有炫耀或警告的语气。比如：

（1）甲：你还会拉小提琴（xiǎotíqín）？

　　乙：没想到吧，告诉你，我从三岁起就开始学了。

（2）甲：真看不出来，他跑得那么快。

　　乙：告诉你，他可是我们学校的马拉松（mǎlāsōng）冠军（guànjūn）。

（3）甲：明天有考试？我不怕。

　　乙：告诉你，这次考试可不是一般的考试，考不及格不能毕业。

（4）告诉你，不写完作业就别想吃饭。

2. 我就说到这儿吧

"就……到这儿"表示停止某一行为。比如：

（1）今天就练到这儿吧。

（2）上午的会就开到这儿，大家休息休息，下午接着开。

3. 那她可美坏了

"……坏了"有时表示程度高。比如：

高兴坏了　　乐坏了　　气坏了　　累坏了

4. 你饶了我吧

表示"我可不想做这样的事"。比如：

（1）甲：来！把这瓶酒都喝了！

乙：你饶了我吧，我已经喝得不少了。

（2）甲：明天的晚会上，你给我们表演一个节目吧。

乙：你们饶了我吧，我哪儿会表演节目哇？

练 习

一 朗读并替换画线部分的词语：

1. 看把你紧张得。
2. 有机会就让你上电视台去唱唱。
3. 那她可美坏了。
4. 也就是洗洗衣服，收拾收拾房间，和朋友聊聊天儿。
5. 你要是在电视里露一面，保证天天会有人给你打电话。
6. 要是天天有人给你打电话，你烦不烦哪？

二 体会带点儿词语的意思，并完成下面的对话：

1. 甲：请问，这车是去百货大楼的吗？

乙：没错儿，_____。

2. 甲：你真的会做衣服？

   乙：当然会了，告诉你，_____。

3. 甲：你为什么不请一个辅导老师呢？

   乙：说实在的，_____。

4. 甲：来中国以后，你胖多了。

   乙：怎么能不胖呢？你想，_____。

5. 甲：你不是还要准备明天的演讲吗？

   乙：对了，_____。

6. 甲：你今天一定要把作文写完。

   乙：你饶了我吧，_____。

三 根据课文，回答下面的问题：

1. 大卫周末的时候常干些什么？

   提示词语：运动　篮球　比赛　郊游　骑车　爬山

2. 谈谈安娜的业余生活。

   提示词语：卡拉OK　演唱　获奖　舞厅

3. 介绍玛丽的周末生活。

   提示词语：洗衣服　收拾房间　聊天儿　上街　看电视　稀里糊涂

四 请根据你的实际情况回答：

1. 在下面这些场所中，你最喜欢去哪儿？并说说理由。

   公园　　　　博物馆　　　　名胜古迹　　　胡同或街巷（xiàng）

   游乐场　　　风景区　　　　商店　　　　　书店

2. 你周末的时候常常做什么？并谈谈具体的情况，比如电影的名字、内容、你的观感等等。

   看电影　　　　　看电视　　　　　听音乐会或演唱会

   去商店　　　　　运动　　　　　　去舞厅或歌厅

五 组织一场模拟记者招待会：

选出三名同学分别担任大学汉语学院院长、系学生会主席和宿舍管理部门的负责人，其他同学担任记者，就学院的教学、文体活动、宿舍管理等问题提问，由上述三人解答。

参考语句：

1. 你好，我是……的记者。
2. 我们想了解一下……，请你谈谈好吗？
3. 我可不可以就……向你问几个问题？
4. 您能不能谈谈您对……的看法？
5. 除了……，你还……？
6. 如果……，请问你们打算怎么处理（chǔlǐ）？
7. 谢谢你接受我们的采访。

六 课外语言实践活动：

访问一个中国朋友，了解一下他的家庭生活或学习、工作的简单情况，然后在班里进行汇报。

口语知识（四）

1 口语中表示列举的常用词语

在汉语书面语中，常用"例如""譬如""等等"等词语来表示列举，但在口语中，列举却有不同的表现方式和词语。下面介绍几个常用来表示列举的词语：

（1）像

"像"在表示列举的时候，用在列举项目之前，并常与其他表示列举的词语前后呼应：

> ① 他去过很多大城市，像北京、上海、广州、天津，他都去过。
> ② 中午我们只能吃点儿快餐，像汉堡包、三明治什么的。
> ③ 天津有很多有名的小吃，像包子啦，麻花儿啦，炸糕啦，都很好吃。

（2）比如

"比如"也用于列举的项目之前：

> ① 你应该帮妈妈做一些事，比如扫扫地，洗洗碗什么的。
> ② 我只学了一些日常用语，比如问路、乘车、买东西，别的都不会。
> ③ 有些具体事你应该讲清楚，比如几点出发，在哪儿集合，都要早一点儿告诉大家。
> ④ 最近人才市场上对有些专业的毕业生需求量比较大，比如工程管理、市场营销等。

（3）什么

"什么"用于列举的项目之前：

> ① 她喜欢唱歌跳舞，应该去什么音乐学院、舞蹈学院。
> ② 我喜欢各种水果，什么苹果、香蕉、西瓜，我都爱吃。
> ③ 他常帮助妻子做家务，什么刷锅洗碗，擦桌子扫地，样样都干。

（4）什么的

"什么的"用于列举时，放在列举的项目之后：

> ① 我们刚才进门的时候，看见门口写着"服装大减价""优惠"什么的。
>
> ② 中国有名的山太多了，泰山、黄山、庐山什么的，都很有名。
>
> ③ 他的爱好很多，旅游、唱歌、运动什么的，他都喜欢。

（5）有……，（有）……，还有……

"有……，（有）……，还有……"用于列举的每一项目之前，第二个"有"字有时可以省略：

> ① 你们看，这儿有山，有水，后边还有一个塔。
>
> ② 现在参加电脑培训班的有韩国的，（有）日本的，还有美国的。
>
> ③ 每天来这个公园的老年人很多，有下棋的，有唱戏的，还有打太极拳的。
>
> ④ 这次服装博览会的服装款式可丰富了，有传统的，有现代的，还有科幻风格的呢！

（6）有的……，有的……

"有的……，有的……"用于列举的每一项目之前，所列举的多为动词或动词短语：

> ① 别看是小事，有的会让人哭，有的会让人笑，也有的让人哭笑不得。
>
> ② 昨天的晚会来了很多人，有的唱，有的跳，热闹极了。
>
> ③ 我们几个人爱好都不一样，有的喜欢看书，有的喜欢运动。

（7）……啦，……啦

"……啦，……啦"用于列举的每一项目之后：

① 我常和中国人聊天儿，出租车司机啦，商店的售货员啦，饭馆儿的服务员啦，都可以。
② 要想不使身体发胖就得运动，走路啦，跑步啦，爬山啦，都是很好的运动方式。
③ 他做菜做得不错，青椒肉丝啦，糖醋鱼啦，他都会做。

另外，几个重叠的动词加宾语并列使用，也表示列举：

① 我周末没什么特别的事，也就是洗洗衣服，收拾收拾房间，和朋友聊聊天儿。
② 你应该多出去走走，看看电影（啦），逛逛商店（啦），别一个人待在家里。
③ 他退休以后很少出去，每天在家看看报纸，下下棋，倒也没什么烦恼。

2　口语中常见的反问句

汉语中有的句子在形式上（结构、语调）是问句，实际上并不要求回答，只是用问句的形式来表示肯定或否定，这种句子叫"反问句"。反问句一般由特指问句、是非问句或选择问句构成。由特指问句或是非问句形成的反问句，肯定的形式（不带否定词的格式）表示否定的意思，否定的形式（带否定词的格式）表示肯定的意思。而选择问句则是用正反问句的形式强调肯定或否定，或列举出两种以上的情况一概加以否定。反问句一般语气都比较强烈，带有感情色彩，多用于口语。下面是一些常用来构成反问句的词语：

（1）不是……（吗）？

用这一格式强调某一事实，带有事实明显如此的语气：

① 我这不是来了吗？（我已经来了）

> ② 昨天你不是还好好儿的（吗），怎么突然不舒服了？（昨天还是好好儿的）
> ③ 你们不是去过吗？（你们去过）

（2）还

用副词"还"表示"不会""不应该"或"不算……"的反问语气：

> ① 那还忘得了？（不会忘记）
> ② 住这么好的房子，你还不满意？（你应该满意）
> ③ 你已经有一柜子衣服了，还嫌少？（不应该嫌少）
> ④ 这还多呀？（这不算多）

（3）哪儿

在反问句中，"哪儿"不表示处所，而只表示否定的语气：

> ① 那我哪儿爬得上去呀？（我爬不上去）
> ② 哪儿有那么严重啊？（没有那么严重）
> ③ 哪儿啊，我不认识他。（不是这样）

（4）怎么

在反问句中，"怎么"不表示方式、原因，而只表示否定的语气：

> ① 怎么好麻烦你？（不好意思麻烦你）
> ② 我怎么知道？（我不知道）
> ③ 你怎么能这样做呢？（你不应该这样做）

（5）什么

在反问句中，"什么"用在形容词或动词后面，不表示疑问，而表示"不……""不要……""不用……"等语气：

> ① 漂亮什么呀！这衣服太一般了。（这衣服不漂亮）

② 急什么！还有时间呢！（不要着急）
③ 咱们是老朋友，谢什么呀！（不用谢）

（6）有什么

"有什么"在反问句中，可以单独作谓语，也可以放在形容词、动词或名词前，表示"不……"或"没有……"：

① 这有什么！（这没什么）
② 这事有什么难的！（这事不难）
③ 这种电影有什么看的！（没什么看的）
④ 夫妻没有感情，住在一起有什么意思呢？（住在一起没有意思）

（7）干什么

"干什么"在反问句中，多用于句末，表示"不必"或"不该"：

① 来就来吧，还带礼物干什么！（不必带礼物）
② 你心里不痛快，打孩子干什么！（不该打孩子）
③ 你有那么多衣服，还买衣服干什么！（不该再买衣服）

（8）谁

在反问句中，"谁"用于否定，表示"没有人……"或"我不……"的语气：

① 谁知道他是怎么想的！（没人知道他的想法）
② 谁想吃成胖子啊！（我不想吃成胖子）
③ 谁喜欢他呀！（我可不喜欢他）

（9）（是）……还是……

这是典型的选择问句形式，用于反问时，表示全部否定，意思是"都不是"：

① 他的事你怎么什么都管？你是他爸爸还是他妈妈？
② 你干吗管我，你是领导还是警察？
③ 病得这么重还不休息，你是想住院还是不想活了？

练习

一 在下面的括号里，填上适当的表示列举的词语：

1. 我喜欢吃四川菜，（　　）鱼香肉丝，麻婆豆腐，我都爱吃。
2. 我们这儿篮球、排球、足球（　　）都有，你想借什么？
3. 他们（　　）弹琴，（　　）唱歌，欢欢喜喜庆祝节日。
4. 她常去逛商店，百货大楼（　　），购物中心（　　），她都逛遍了。
5. 别光喝（　　）啤酒、可乐，喝多了没好处。
6. 那个公园虽小，可是（　　）山，（　　）水，（　　）一个小岛。
7. 这儿卖西瓜，还卖苹果、香蕉（　　）。
8. 你们光说（　　）帮助穷人、救济穷人，可是没有任何行动。
9. 他的几个儿子，（　　）上大学的，（　　）在公司工作的，（　　）开出租汽车的。
10. 应该让孩子从小就学着做点儿家务，刷碗（　　），扫地（　　），都可以让他们试着做做。

二 指出下面的反问句中哪些词语表示反问语气，并把句子的意思用非反问句的形式表达出来：

1. 我哪儿会说日语呀？
2. 你没教我，我怎么会呢？
3. 忙什么？时间还早呢！
4. 这有什么奇怪的！
5. 我昨天不是告诉你了吗？你为什么说不知道？
6. 这还算贵呀！
7. 你怎么听他的呢？你是糊涂了，还是傻了？
8. 谁和她去公园了？我昨天就没有出门！
9. 你跟我还客气什么！
10. 你不会做饭，买这么多米干什么？

三 把下面的陈述句改成反问句：

1. 我吃不了这么多饺子。（哪儿……）
2. 这次旅行时间很短，你没有必要带那么多衣服。（……干什么）
3. 写这样的文章没有意思。（有什么……）
4. 这种事不能对孩子讲。（怎么能……）
5. 妈妈已经给你买了。（不是……吗）
6. 这个字我都查过字典了，不会错。（那还……得了）
7. 别哭！有话慢慢说。（……什么）
8. 你不是老师，也不是校长，管我干什么！（是……，还是……）
9. 我没有打他。（谁……）
10. 这儿一点儿都不好玩儿，下次不来了！（……什么呀）

口语常用语（四）

1　称赞与惊叹

　　人们看到美好的事物，总是免不了要称赞几句。称赞语，可以用于人，也可以用于物品。人们在对人或物品表示称赞时，除了用上一些美好的词语以外，还常常用程度副词或程度补语来修饰，比如"很……""太……了""真……""可……啦""多……""……极了""……多了"等。

　　称赞语，可以用来表示对人的相貌、身体的喜爱。比如：

> （1）她长得挺不错的。
> （2）那个姑娘太迷人了！
> （3）他的身体棒极了。
> （4）她的男朋友可精神啦！
> （5）她是我见过的中国姑娘中最漂亮的。

　　称赞语也可以用来表示对人的性格、品质、才能、衣着、行为的赞赏。比如：

> （1）她很有魅力。
> （2）你的记性真不错。
> （3）你真有两下子。
> （4）他唱歌好听极了。
> （5）他的丈夫可能干啦！
> （6）你穿上这件衣服，更迷人了。
> （7）她是个很热心的服务员。
> （8）看这孩子，多有礼貌哇！

　　除了对人，称赞语也可以用在对动物、物品或环境的喜爱上。比如：

> （1）这只小猫太招人喜爱了。
> （2）这种酒好喝极了。
> （3）你妈妈做的菜真好吃。

（4）这幅画画得真像。
（5）这儿的风景多美呀！
（6）您家真漂亮啊！
（7）这家商店的东西可多了。

当人们第一次看到或听说令人惊奇的事物时，对这种事物的称赞有时就变成了惊叹。下面是一些常用的惊叹语：

（1）真的？
（2）是吗？
（3）太棒了！
（4）真了不起！
（5）简直难以想象！

年轻人口中的惊叹语，听起来就更奇特了：

（1）神了！
（2）绝了！
（3）没治了！

2 不满与抱怨

在生活中，常常会遇到不喜欢、不顺心的事，这时候，人们也许会顺口说出几句抱怨的话，发泄自己心中的不满。比如说，参加了一项不喜欢的活动后，当别人问起时，人们常常这样回答：

（1）没意思！
（2）真没劲！
（3）不怎么样。
（4）还是老一套。
（5）白浪费一晚上时间。
（6）没什么新鲜的。

当周围的人做出了让人讨厌、让人生气、让人不愉快的事情时，人们也会这样表达自己的不满情绪：

> （1）讨厌！
> （2）真可气！
> （3）有毛病！
> （4）真不文明！
> （5）真不像话！
> （6）笨死了！
> （7）你真是的！
> （8）你这人怎么这样？
> （9）干吗那么厉害？

生活中有时会发生意想不到的事情，使人感到不愉快、不顺心，人们会发出这样的抱怨：

> （1）怎么搞的？
> （2）怎么回事？
> （3）怎么又停电了？
> （4）又涨价啦？
> （5）真倒霉！
> （6）岂有此理！

第十七课　哪里哪里

热身话题

1. 别人夸奖你的时候，你会用汉语说表示谦虚的客气话吗？
2. 说说你们国家招待客人的时候常说的客气话。

（圣诞节的夜晚，玛丽、安娜、大卫和田中参加完节日联欢活动后，回到玛丽的宿舍，大家谁都不想去睡，于是他们商量好，每人说一个关于客气的笑话）

玛丽说的笑话

　　我说的这个笑话你们大概都听过。一位英国先生和他的夫人一起去参加中国朋友的婚礼。婚礼在一家有名的饭店举行。新郎和新娘站在饭店的门口，迎接每一位前来祝贺的嘉宾。英国先生的夫人过去没有见过新娘，她走上前去，握着新娘的手，用英语对她的先生说："多漂亮的姑娘啊！她是我见过的中国姑娘中最漂亮的。"英国先生把这句话翻译给新郎新娘听。新娘一听脸红了，客气地说了一句："哪里哪里！"英国先生学汉语的时间不长，不知道这句话的意思是什么,就把这句话翻译成:"Where? Where?"那位夫人一听,觉得很奇怪:"怎么?我夸她漂亮还不够,还要具体地说出来吗?"她不知道该怎么回答,只好对她的先生说:"你告诉她,她全身上下都很漂亮。"

田中说的笑话

我这个笑话是一位中国朋友讲给我听的,好像很多中国人都知道。说从前有一个人,说话总是表现得很谦虚,如果别人说他字写得好,他就说:"写得不好,瞎写!"如果别人说他诗做得好,他就说:"做得不好,瞎做!"这几乎成了他的口头语。有一次他和一个朋友一起外出,晚上住在旅店的同一个客房里。这个人有个毛病:睡觉爱打呼噜,朋友被他的呼噜声吵得一夜都没睡好。第二天早晨起来,朋友就对他说:"好家伙!你的呼噜打得可真响!"他听了,习惯地回答说:"打得不好,瞎打!"

安娜说的笑话

你们说的都是别人讲给你们听的,我给你们讲一个我亲身经历过的事情。我在国内学汉语的时候,有一次到我的汉语老师家做客。一进门,老师给我倒了一杯茶。我当时又热又渴,一口气就把茶都喝光了。老师见我这个样子,问我:"这茶可是中国最有名的龙井茶,味道怎么样?"我看着喝光的茶杯,有点儿不好意思,就说:"好喝!太好喝了!"老师笑了笑说:"茶有的是,今天让你喝个够。"说着就又给我倒了一杯。我为了表示爱喝,又一口把茶喝光了。谁知道老师又给我倒了一杯,还一再说:"喝吧,别客气!""多喝点儿!"连喝了几杯,我再也喝不下去了,只好红着脸对老师说:"老师,茶我一会儿慢慢儿喝,如果您不介意的话,我想先去一下儿洗手间。"

大卫说的笑话

今天我给你们讲个王峰的笑话。你们听了可别跟王峰说,他要是知道了肯定会骂我。那还是我跟王峰刚认识不久的事。那天,我们一起去爬山。爬到一半儿的时候,我觉得很渴,正好前边有个卖饮料的,我就问王峰:"渴了吧?要不要喝点儿什么?"王峰一听忙说:"不渴!不渴!"我当时不知道这是中国人的客气话，还觉得挺奇怪的：他身体怎么那么棒？爬了半天山，一点儿也不渴？我就自己买了一瓶饮料喝了。这下可把王峰害惨了！他后来告诉我：他当时渴得嗓子都冒烟了，可又不好意思再去买饮料，怕我误会。最后他实在忍不住了，就去买了一根冰棍儿。我奇怪地问他："你刚才不是说不渴吗？"你们猜他怎么说？他说："渴倒是不渴，就是嗓子有点儿干，买根冰棍儿润润嗓子。"

词 语

1	婚礼	hūnlǐ	（名）	wedding
2	新郎	xīnláng	（名）	bridegroom
3	新娘	xīnniáng	（名）	bride
4	迎接	yíngjiē	（动）	to greet
5	祝贺	zhùhè	（动）	to congratulate
6	嘉宾	jiābīn	（名）	honoured guest
7	具体	jùtǐ	（形）	concrete
8	谦虚	qiānxū	（形）	modest
9	瞎	xiā	（副）	groundlessly
10	几乎	jīhū	（副）	nearly; almost
11	口头语	kǒutóuyǔ	（名）	pet phrase; platitude
12	旅店	lǚdiàn	（名）	hotel
13	客房	kèfáng	（名）	guest room
14	毛病	máobìng	（名）	(bad) habit
15	打呼噜	dǎ hūlu		to snore
16	吵	chǎo	（形）	noisy
17	亲身	qīnshēn	（形）	personal; firsthand
18	光	guāng	（形）	used up; finished
19	一再	yízài	（副）	again and again
20	介意	jièyì	（动）	to mind; to take offence
21	骂	mà	（动）	to abuse; to curse
22	害	hài	（动）	to cause trouble to
23	误会	wùhuì	（动）	to misunderstand
24	忍不住	rěn bu zhù		cannot help doing sth.
25	冰棍儿	bīnggùnr	（名）	ice-lolly; popsicle
26	润	rùn	（动）	to moisten

注 释

1. 圣诞节

    用来庆祝耶稣诞辰的宗教节日,时间为每年的 12 月 25 日。

2. 龙井茶

    绿茶的一种,产于浙江省杭州龙井一带,为中国名茶之一。

语句理解

1. 有的是

    表示数量很多。比如:

    (1)你可以跟他借,他有的是钱。

    (2)甲:你有中文书吗?借给我看看。

    　　乙:有的是,你想看哪一种?

2. 喝个够

    "……个够"表示尽情地做某事。比如:

    (1)放假了,我可要玩儿个够。

    (2)过生日那天,我和几个朋友到舞厅去跳了个够。

3. 谁知道

    表示没想到。比如:

    (1)我已经给他买了火车票,谁知道他又不想走了。

    (2)刚才天气还好好儿的,谁知道现在突然下起雨来了。

练 习

一　熟读下面的句子,并用带点儿的词语做模仿练习:

1. 大家谁都不想去睡。
2. 多漂亮的姑娘啊!
3. 写得不好,瞎写!

4. 好家伙！你的呼噜打得可真响！
5. 我一口气就把茶都喝光了。
6. 茶有的是。
7. 今天让你喝个够。
8. 谁知道老师又给我倒了一杯。
9. 我再也喝不下去了。
10. 如果您不介意的话，我想先去一下儿洗手间。
11. 要不要喝点儿什么？
12. 渴倒是不渴，就是嗓子有点儿干。

二 复述课文中的笑话，用上所给的词语：

1. 玛丽说的笑话：

   （多……啊　翻译　客气　奇怪　夸）

2. 田中说的笑话：

   （谦虚　……得不好，瞎……　口头语　外出　打呼噜　吵　习惯）

3. 安娜说的笑话：

   （做客　又……又……　喝光　有的是　……个够　一再　再也　介意）

4. 大卫说的笑话：

   （渴　饮料　冒烟　不好意思　忍不住　冰棍儿　润嗓子）

三 回答下面的问题：

1. "哪里哪里"是什么意思？正确的翻译应该是什么？
2. "……得不好，瞎……"用于什么情况下？意思是什么？
3. "你的呼噜打得可真响！"这句话是什么意思？
4. 安娜开始为什么把茶一口气喝光？后来为什么又一口把茶喝光？
5. 客人应该把茶喝光吗？如果客人把茶喝光，主人会怎么做？为什么？
6. 大卫问王峰想喝点儿什么，王峰为什么说"不渴不渴"？
7. 王峰到底渴不渴？他为什么不好意思再去买饮料？

四 课堂讨论：

1. 当别人夸你时：

   （1）你一般怎样回答？

（2）中国人一般怎样回答？

（3）你们国家的人一般怎样回答？

2. 当主人给你倒上茶来，说说你一般怎么做并说出为什么：

（1）一口把茶喝光。

（2）说声"谢谢"，但并不马上喝。

（3）说声"谢谢"，然后喝一小口。

（4）边喝边与主人聊天儿。

3. 当朋友问到"要不要吃（喝）点儿……"时：

（1）你一般怎样回答？

（2）中国人一般怎样回答？

（3）你们国家的人一般怎样回答？

五 请你说说：

举例谈谈你们国家的人在翻译汉语时容易出现的错误以及由此造成的误会。

六 每人讲一个笑话，最好是自己或朋友的亲身经历。

第十八课　我在中国的留学生活

热身话题

1. 谈谈你在中国的留学经历,比如你是第几次来中国,在哪儿学习过,等等。
2. 中国人对外国人有哪些称呼?

(玛丽的班上,开了一个汉语演讲会,演讲题目是《我在中国的留学生活》。让我们来听听他们的演讲吧)

(一)

要是有人问我:你的口语怎么学得那么好哇?有什么窍门儿吗?我会告诉他:别的方法我不知道,我的窍门儿只有一个——侃大山。也许你没有听说过这个词:什么叫"侃大山"哪?其实,说起来很简单,"侃大山"就是聊天儿。

也许你又要问:侃大山?跟谁侃哪?跟周围的中国人呗!可他们每天都很忙啊!你看,校园里的大学生,每天那么早就起床,冬天的时候,天不亮就吃完早饭了。他们背着书包去教室、去图书馆、去食堂,不到天黑不回宿舍,哪儿有时间跟你聊天儿啊？朋友，要是你这么想，你就错了。别看他们忙，可从心里讲，他们还是愿意跟你聊天儿的，而且特别喜欢和我们这样的"老外"聊天儿。我想你们大概也有过这样的经历吧：当你在街上买东西的时候，当你坐公共汽车的时候，当你在饭馆儿吃饭的时候，当你坐火车旅行的时候，总会有人在你身边，问你这样一些问题："你会跳舞吗？""你的身体真棒，练过健美吧？""你真高，不用说，肯定会打篮球。""看样子你很能干，一定有很多女孩子喜欢你吧？"遇到这样的问题，我总是带着美国人的自信说："当然！""没问题！""我什么都能干。"这样总是能得到这些人的羡慕。可是当我有了不少中国朋友后才发现：其实他们才是"什么都能干"的人，和我们不同的是，他们不愿意在别人面前表现自己。

我喜欢和中国朋友一起喝啤酒，边喝边聊，山南海北，想聊什么就聊什么。让我感动又让我不理解的是，有的朋友愿意花一两个钟头跟我聊天儿，然后再去开夜车干他们该干的事情。后来我明白了，侃大山也是一种交流，一种文化上的交流，你可以学到很多课堂上学不到的东西。从这个意义上来说，花一些时间是很值得的。

骑自行车的时候也常常有侃大山的机会。我喜欢骑车去比较远的地方郊游。让我感到得意的是，人们看见我，就像看见一个电影明星。很多人向我打招呼："你好，外国人！""大个子，骑得不慢哪！"有的人就一边骑一边跟我聊起来。这样，骑车一点儿也不觉得累，常常是还没聊够就到地方了。

朋友，如果你在街上看到一个金黄头发的大个子在和旁边的中国人边骑边聊，那十有八九就是我：一个喜欢侃大山的人，一个爱交朋友的人，一个"会跳舞""练过健美""会打篮球""能干""有很多女孩子喜欢"的人。

（根据史吉夫＜美国＞《这里，每天都从音乐声中开始》改写）

（二）

当你用汉语和别人聊天儿的时候，听不懂对方说的是什么，你当然会问："什么意思？"我说的没错儿吧？可是慢慢地我发现，"意思"在汉语中，和不同的词语搭配常常有不同的意思，而且常常有我们想不到的意思。

比如，公共汽车上人很多，有人要下车，从你身边挤过去的时候，他们会说："不好意思！"我开始还不明白："'不好意思'不是'害羞'的意思吗？他有什么可害羞的？是不是因为他是男的我是女的？"后来我才明白，在这里，"不好意思"也有向别人表示抱歉的意思。

再比如，中国人看到喜欢的东西、喜欢的事情，会说"有意思"，有一天，我写完作文给老师看，老师一边看一边说："不错，很有意思！"可要是他昨天看了一场不喜欢的电影，他也许会对你说："我劝你别去看了！没意思！"

还有，中国人认为需要给别人送礼物的时候，也常常说："大家都送，我也得意思一下吧。" 这里的"意思"是"表示"的意思。如果当面送别人礼物，不管礼物多么贵重，人们也会说："小意思，不成敬意。"意思是礼物微薄，只是表示一下心意。

更有意思的是，一个人帮助了朋友，朋友会竖起大拇指，对他说一句："够意思！"一开始我真不知道这"够意思"到底是什么意思，后来朋友告诉我，这是夸他是一个真正的朋友。所以要是朋友向你借钱你不借给他，他也可能对你说："真不够意思！"

现在你了解"意思"是什么意思了吗？

（根据安娜〈英国〉《你了解"意思"是什么意思吗？》改写）

词 语

1	演讲	yǎnjiǎng	（形）	to make a speech
2	题目	tímù	（动）	title; topic
3	窍门	qiàomén	（形）	key(to a problem); knack
4	健美	jiànměi	（动）	body-building
5	自信	zìxìn	（副）	self-confident
6	发现	fāxiàn	（形）	to discover
7	感动	gǎndòng		to move; to be moved
8	交流	jiāoliú	（形）	to interchange; to exchange
9	意义	yìyì	（名）	sense; meaning
10	得意	déyì	（形）	pleased with oneself
11	明星	míngxīng	（名）	star
12	搭配	dāpèi	（动）	to collocate; to match

13	害羞	hàixiū	（形）	be bashful; shy
14	表示	biǎoshì	（动）	to show; to express
15	抱歉	bàoqiàn	（形）	be feel sorry
16	劝	quàn	（动）	to persuade
17	当面	dāngmiàn	（副）	face to face
18	贵重	guìzhòng	（形）	valuable
19	不成敬意	bù chéng jìng yì		just a little token to show my respect to you
20	微薄	wēibó	（形）	meager
21	大拇指	dàmǔzhǐ	（名）	thumb

注 释

1. **侃大山**

   指漫无边际地聊天儿。

2. **老外**

   指外国人，是中国人在非正式场合对外国人既随便又显得亲热的一种称呼。

3. **山南海北**

   比喻说话漫无边际。

4. **开夜车**

   为了赶时间，在夜间继续学习或工作。

语句理解

1. **不用说**

   用于猜测，表示毫无疑问的语气。比如：

   （1）他又没按时来，不用说，准是在睡懒觉。

   （2）他什么也说不出来，不用说，一定是没预习。

2. **十有八九**

   表示可能性很大。比如：

   （1）我的帽子不见了，十有八九是忘在教室里了。

   （2）前边马路上围了那么多人，十有八九是出交通事故了。

3. 有什么可害羞的

"有什么可……的"是反问句,表示不值得。比如:

(1)这里只是黑一点儿,有什么可怕的?

(2)他只是不小心说错了,有什么可笑的?

练 习

一 熟读下面的句子,并用带点儿的词语做模仿练习:

1. 别看他们忙,可从心里讲,他们还是愿意跟你聊天儿的。
2. 你真高,不用说,肯定会打篮球。
3. 想聊什么就聊什么。
4. 他有什么可害羞的?
5. 大家都送,我也得意思一下吧。
6. 不管礼物多么贵重,他们也会说:"小意思,不成敬意。"

二 完成下面的句子:

1. 天阴(yīn)得这么厉害,十有八九_____。
2. 我的头很疼,十有八九_____。
3. 这次考试我有三个问题没回答出来,十有八九_____。
4. 过一个路口的时候,红灯表示_____,绿灯表示_____。
5. 在中国,竖起大拇指表示_____。
6. 他冲我点点头表示_____。

三 根据课文回答下面的问题:

1. 演讲者练口语的窍门儿是什么?
2. 为什么有的人工作、学习很忙,却愿意和留学生聊天儿?
3. "侃大山"有什么好处?
4. 什么时候可以说"不好意思"?
5. 当面送给别人礼物的时候常常说什么?

四 请你说说:

1. 你喜欢和什么样的人聊天儿?
2. 你喜欢被人称作"老外"吗?为什么?

3. 你认为和中国人聊天儿能提高你的汉语水平吗？
4. 在中国，竖起大拇指表示"你真棒"，在你们国家一样吗？还有其他常用的手势吗？它们表示什么意思？

五 成段表达：

谈一件在中国留学的时候你最难忘的事情。

六 组织一场演讲比赛：

题目可以规定或自选，要求每人演讲四至五分钟。

第十九课　我觉得这是学口语最好的方法

热身话题

1. 你觉得你在口语方面进步大不大？
2. 在口语学习上，你有什么问题？你用什么方法解决？

（期中考试后，玛丽班上一些同学的口语考试成绩不太好，教口语的张老师组织班里同学进行了一次关于学习方法的讨论……）

张老师：　同学们来中国已经几个月了，大家学习都很努力，有的同学进步比较大，刚来的时候张不开口，现在已经能够和中国朋友用汉语自由交谈了。不过也有一些同学总是觉得自己的口语进步慢。我们今天就来谈谈，怎样才能尽快提高自己的口语水平。铃木，你先说说。

铃　木：　我认为，要想说得流利先得听明白，你听不懂中国人说的话怎么跟他们交谈呢？所以我每天除了上课就是听录音。课上我把老师说的话录下来，课下找一些跟课本内容相关的视频，没事的时候一遍遍听，一遍遍跟着重复，这样，我觉得听力进步很快，老师上课说的话基本都能听懂，回答问题时就有信心了。有些话听多了，一张口就能说出来，慢慢我也就敢和中国人谈话了。

麦　克：我学口语的方法跟你不一样。听录音，当然是个好办法，可是在你们国家不是一样可以听录音吗？我们现在是在中国，这么好的语言环境，整天在宿舍听录音干什么？我除了上课，其他时间就走出宿舍，到校园外面去，和各行各业的中国人聊天儿，出租车司机啦，售票员啦，饭馆儿服务员啦，都可以。常和他们聊天儿，你可以学到课堂上学不到的语言，还能了解中国的社会文化，我觉得这是学口语最好的方法。

安　娜：我觉得麦克说的很有道理。我有一个感觉，上课老师说很长的句子，我差不多都能听懂，可是在和中国人交往的时候，常常听不懂他们说些什么，有时候就是很简单的句子，也要听几遍才能听懂。我想我是听惯了老师那种又慢又清楚的语言，可是买东西的时候，哪个售货员会不慌不忙地跟你讲话呢？再说，一周就那么几节口语课，班上同学又多，上课的时候每个人说不了几句话。平时说得少，到该说的时候就会没有信心，所以我想应该多和各种各样的中国人交往。

李淑贞：我有不同的想法。中国是个很大的国家，好多地方的人说的不是普通话，可是我们并不一定清楚。我学汉语是想当个翻译，我不想浪费时间去学不标准的汉语。所以我愿意多听老师说的话，愿意多听听广播。我还请了一位辅导，让他帮我练习发音。我想学的是标准的普通话。

张老师：玛丽，你的口语进步挺快的，说说你是怎么做的。

玛　丽：我也说不清哪种方法是最好的，如果说我的口语有些进步，我想那得感谢我的几位中国朋友，他们都是我的良师益友。从他们那里，我不仅学到了语言，还了解了中国的社会和文化，我想这对学好语言也是有帮助的。当然，不是每个人都能遇到这么好的中国朋友的。

安　娜：是啊，我也有同感，我就非常羡慕玛丽，她的辅导对她的帮助确实很大。玛丽，你也帮我找一个辅导，怎么样？

玛　丽：　找个合适的辅导可不那么容易，找找看吧。

　　　　　……

张老师：　好了，刚才每个同学都谈了自己学习口语的方法，我想每个人讲的，对大家都会有一定的启发。很多同学说得都很有道理，大家可以根据自己的情况试试。俗话说：只要功夫深，铁杵磨成针。不管用什么方法，只要大家坚持下去，就一定会有收获。今天的讨论就到这儿吧。

词　语

1	期中	qīzhōng	（名）	middle of term
2	进步	jìnbù	（动、名）	to improve; progress
3	张（口）	zhāng (kǒu)	（动）	to open (mouth)
4	自由	zìyóu	（形）	free
5	交谈	jiāotán	（动）	to converse; to chat
6	尽快	jǐnkuài	（副）	as quickly (or soon, early) as possible
7	流利	liúlì	（形）	fluent; smooth
8	录	lù	（动）	to record
9	有关	yǒuguān	（动）	to relate to
10	重复	chóngfù	（动）	to repeat
11	信心	xìnxīn	（名）	confidence
12	环境	huánjìng	（名）	environment
13	校园	xiàoyuán	（名）	campus
14	各行各业	gè háng gè yè		all walks of life; all trades and professions
15	课堂	kètáng	（名）	classroom
16	交往	jiāowǎng	（动）	to associate; to contact
17	惯	guàn	（形）	to be used to
18	不慌不忙	bù huāng bù máng		unhurried; leisurely
19	各种各样	gè zhǒng gè yàng		of various kinds
20	好多	hǎoduō	（数）	a lot of
21	普通话	pǔtōnghuà	（名）	*Putonghua*; standard Chinese pronunciation
22	不仅	bùjǐn	（连）	not only
23	启发	qǐfā	（名）	inspiration; enlightenment

24	根据	gēnjù	（动）	according to; on the basis of
25	不管	bùguǎn	（连）	no matter (what, how, etc.)
26	坚持	jiānchí	（动）	to stick to; to persevere in
27	收获	shōuhuò	（名、动）	gain; to gain

注 释

1. 良师益（yì）友

    使人得到教益和帮助的好老师、好朋友。

2. 只要功夫深，铁杵（chǔ）磨（mó）成针

    比喻人只要有毅力，肯下功夫，就能把事情做成功。

语句理解

1. 再说

    表示更进一层，进一步说明，有"而且"的意思。比如：

    （1）我没时间去，再说我也不想去。

    （2）吃糖对牙不好，再说也容易发胖。

2. 说不了几句话

    "……不了几……"强调数量少。比如：

    （1）买那件大衣花不了几个钱。

    （2）从这儿到银行走不了几步路。

    （3）她的饭量小，吃不了几口，少买点儿吧。

3. 找找看吧

    "看"用在重叠动词后面，表示试着做（某事）。比如：

    （1）这是我送给你的礼物，你猜猜看，是什么？

    （2）甲：这么重的东西，你能举起来吗？

    　　乙：我试试看。

    （3）听说你有更好的主意，说说看。

第十九课　我觉得这是学口语最好的方法

练　习

一 朗读下面的句子，并说出与下面语句相近的、表明自己观点和态度的句子：

1. 我认为，要想说得流利先得听明白。
2. 我觉得麦克说的很有道理。
3. 我有不同的想法。
4. 我也说不清哪种方法是最好的。
5. 是啊，我也有同感。
6. 我想每个人讲的，对大家都会有一定的启发。

二 完成下面的句子：

1. 别去那家商店，人太多，再说_____。
2. 我周末不能出去，有很多作业要做，再说_____。
3. 去那个公园没有意思，什么都是假的，再说_____。
4. 我不想住在这儿，离学校太远，再说_____。
5. 不要骑车带人，太危险，再说_____。

三 根据课文，用所给的词语回答下面的问题，并谈谈你比较赞同哪种方法，为什么：

1. 介绍铃木同学的学习方法。
   （录音　重复　基本　敢　交谈）

2. 麦克怎样练习口语？
   （环境　各行各业　聊天儿　了解社会）

3. 谈谈安娜关于学习方法的一些想法。
   （简单　听惯　信心　各种各样　交往）

4. 李淑贞在学习口语方面有什么想法？
   （普通话　标准　发音）

5. 玛丽的口语为什么进步快？
   （良师益友　了解　有帮助）

四 下面都是和学习有关的名言和成语，查词典，说说它们的意思，并谈谈你的看法：

教学相长　　　　温故知新　　　　　　熟能生巧
积少成多　　　　三人行，必有我师

五 经验交流会：

我学习口语的方法。

六 课堂辩论：

参考用语：
1. 我认为
2. 我觉得
3. 我不同意这种说法
4. 这种看法是片面的
5. 我不这么认为
6. 我有不同的看法
7. 我认为这话是很有道理的
8. 我也有同感

参考论题：
1. 打孩子是教育孩子的一种方法
2. 男主外，女主内
3. 该不该在城市街头摆小摊
4. 钱买不到幸福
5. 学生在学习期间该不该打工

七 经验交流会：

向三个不同国家的同学做调查，了解他们学习口语的方法，然后在班里汇报。

第二十课　看看中国人怎样过春节

热身话题

1. 你寒假有什么打算？如果你有旅行的计划，打算去哪儿？
2. 说出你知道的中国的旅游城市。

玛　丽：　王峰，有一件事我不明白，在中国过新年为什么一点儿都不热闹？跟一般的周末差不多。

王　峰：　那是因为中国有两个年，一个是新年，一个是春节。在中国人看来，只有传统的春节才是真正的"新年"哪！

玛　丽：　春节是在哪一天？

王　峰：　农历正月初一，一般是在公历的二月或是一月底。

玛　丽：　那时候学校不是都放假了吗？

王　峰：　对呀，那时候你要是不回国，可以看看中国人怎样过春节，可热闹啦！

玛　丽：　春节有什么热闹儿呢？

王　峰：　热闹儿可多了！春节前十几天，商店里就先忙上了，到处都贴上了

玛 丽：	对，我在电视里看到过。为什么要把"福"字倒着贴呢？
王 峰：	那是借用"倒"字，取"福到（倒）了"这个含义。
玛 丽：	这么好的主意是谁想出来的？真有意思！
王 峰：	借用谐音字表达人们的愿望，这样的例子多着呢！比如新年家家都吃鱼，希望年年有余；送礼送桔子和苹果，预示着新年的吉利和平安。
玛 丽：	真没想到，汉字中的文化含义这么丰富。
王 峰：	最热闹的时候就是大年三十了。大年三十，就是除夕，全家人都聚到一起，吃顿团圆饭，然后聊天儿、看电视里的春节晚会、打麻将。传统的家庭，三十晚上要熬一夜呢！
玛 丽：	熬一夜？他们不饿吗？
王 峰：	这没关系，等到夜里十二点新年的钟声一敲响，就该煮饺子了。
玛 丽：	半夜吃饺子？
王 峰：	是啊！你知道饺子的名称是怎么来的吗？除夕夜，新年和旧年相交在子时，称为"交子"，饺子的名称就是从"交子"变过来的。
玛 丽：	我常吃饺子，可关于饺子的来历我还是头一次听说。
王 峰：	孩子们可希望过年啦！过年的时候，他们可以痛痛快快地玩儿几天，还能得到不少压岁钱。你要是春节的时候去中国人的家，说不定也能得到压岁钱呢！
玛 丽：	我可不是孩子！
王 峰：	过年的时候，还应该给亲戚朋友们拜年。
玛 丽：	要是我真的在春节的时候去中国人的家，我该说些什么？
王 峰：	说什么都行，当然得说吉利话，像"过年好""新年快乐""恭喜恭喜""恭喜发财"什么的，要是你说"死"啊，"杀"呀，准得让人打出来。
玛 丽：	嗨！大过年的，我说那些干吗呀？我听说中国的春节要休息好几天，总不能天天拜年吧？
王 峰：	可以去逛庙会呀！庙会一般都在公园或者寺庙里举行。在那儿你可

春联儿，挂起了灯笼，还把大大的"福"字倒贴在窗户上。

以尝到各种各样的风味小吃，还可以看到各地的民间表演，像舞狮子、耍龙灯，保证让你看得眼花缭乱。

玛　丽：听你说得这么热闹，我到时候真得去看看。对了，你还没有给我介绍怎样放鞭炮呢！我听说新年到处都放鞭炮，热闹极了。

王　峰：也不是到处都可以放，像加油站、医院、居民区这样的地方就禁止放鞭炮。

玛　丽：那为什么呢？

王　峰：在这些地方放，太不安全了，也影响人们休息，所以很多地方都禁止放鞭炮。另外，放的时间也有一定的限制。

玛　丽：这样做也是对的。你知道，我过去在电影里看到过放鞭炮，特别想自己放一放。

王　峰：你要是真的想放，跟我到郊区农村去吧。

玛　丽：农村可以放鞭炮吗？

王　峰：当然可以。而且农村过春节比城市可热闹多啦！我今年春节就打算到农村一个亲戚家去过，到时候你跟我去放个痛快！

玛　丽：噢！原来你也是个"鞭炮迷"呀！

词　语

1	底	dǐ	（名）	end
2	灯笼	dēnglong	（名）	lantern
3	倒	dào	（动）	to turn upside down
4	含义	hányì	（名）	meaning; implication
5	谐音	xiéyīn	（名）	homonym
6	余	yú	（动）	to remain
7	预示	yùshì	（动）	to indicate; to forebode
8	吉利	jílì	（形）	lucky
9	除夕	chúxī	（名）	New Year's Eve
10	团圆	tuányuán	（动）	to reunite
11	熬	áo	（动）	to endure
12	相交	xiāngjiāo	（动）	to cross; to intersect

13	来历	láilì	（名）	source
14	亲戚	qīnqi	（名）	relative
15	拜年	bài nián		to pay a New Year call
16	恭喜	gōngxǐ	（动）	to congratulate
17	准	zhǔn	（副）	certainly; definitely
18	逛	guàng	（动）	to stroll
19	寺庙	sìmiào	（名）	temple
20	举行	jǔxíng	（动）	to hold
21	风味小吃	fēngwèi xiǎochī		typical local snack
22	眼花缭乱	yǎnhuā liáoluàn		to be dazzled
23	鞭炮	biānpào	（名）	firecrackers
24	加油站	jiāyóuzhàn	（名）	gas station
25	禁止	jìnzhǐ	（动）	to forbid
26	安全	ānquán	（形）	safe
27	影响	yǐngxiǎng	（动）	to influence

注　释

1. **春联**

　　春节时贴在门上的对联，由上联、下联和横批组成，上、下联字数要相同，内容要相对，多为吉祥之语。春联一般用红纸写成。

2. **打麻将（májiàng）**

　　一种传统的牌类游戏，四人一起进行。

3. **子时**

　　中国传统计时法中的一个时辰，指夜里十一点钟到次日一点钟这段时间。

4. **压（yā）岁钱**

　　中国一些地方有过年给压岁钱的风俗习惯，小孩儿过年时给长辈拜年，长辈给他们的钱叫压岁钱。

5. **庙会**

　　设在寺庙或公园等处，在节日或规定的日子举行，有集市、庆祝活动、文艺演出、游艺活动等。

6. 舞（wǔ）狮子（shīzi）

   中国传统民间艺术，二人套在狮形道具中，一人举狮头，一人托狮尾，互相配合，模仿狮子做一些跳跃、翻滚、登高等动作，伴以锣鼓，热闹非凡。

7. 耍（shuǎ）龙灯

   中国传统民间艺术，由多人共举一条龙形彩灯，模仿龙的动作做盘绕、登高等，参加人数十几人到几十人不等。

语句理解

1. 商店里就先忙上了

   "……上了"用在动词或形容词后面，表示行为开始并继续。比如：

   （1）妈妈一回家就做上饭了。

   （2）让他们练习，可他们聊上天儿了。

   （3）快到春节的时候，人们就忙上了，不是收拾房间，就是出去买东西。

   （4）一上飞机，他就高兴上了，去中国留学的愿望终于实现了。

2. 这样的例子多着呢

   "……着呢" 用在形容词后面，强调程度高。比如：

   （1）这里的东西贵着呢。

   （2）这门课难着呢。

3. 大过年的

   "大……的"中间嵌入表示时间、时令、季节、假日等方面的词语，带有强调的语气，提醒人注意或对对方的行为表示不理解。比如：

   （1）大星期天的，别在房间里学了，出去转转。

   （2）大中午的，你怎么不休息休息？

   （3）大夏天的，你穿那么多干什么？

练 习

一 朗读下面关于过年的北方童谣，了解过年的某些风俗：

孩子孩子你别馋，

过了腊（là）八就是年。

二十三，糖瓜粘（zhān）；

二十四，扫房子；

二十五，磨（mò）豆腐；

二十六，割（gē）年肉；

二十七，杀公鸡；

二十八，把面发；

二十九，蒸（zhēng）馒头；

三十晚上熬一宿（xiǔ）；

大年初一扭（niǔ）一扭。

二 根据课文，用所给的词语回答下面的问题：

1. 中国的新年为什么不热闹？
   （真正　春节　农历）

2. 大年三十中国人一般都做什么？
   （团圆　麻将　熬　饺子）

3. 请说说饺子名称的来历。
   （除夕　相交　子时　交子）

4. 初一拜年的时候，应该说些什么？
   （吉利　快乐　恭喜　发财）

5. 春节庙会一般在哪儿举行？有什么活动？
   （寺庙　公园　小吃　民间　表演）

6. 放鞭炮为什么有时间和地点的限制？
   （安全　休息　禁止）

三 解释下面词语的文化含义：

1. 倒贴"福"字
2. 新年吃鱼
3. 送桔子
4. 送苹果

四 用"大……的"加上所给词语，各说一句完整的话：

白天　中午　半夜　冷天　晴天　冬天　过年　周末

五 请你说说：

1. 中国的春节还有哪些习俗？
2. 中国还有哪些全家团圆的节日？
3. 你还知道哪些借用谐音字表示另一含义的词语？

六 大家谈：

1. 在你们国家，新年有什么活动？
2. 你最喜欢的节日是哪一个？为什么喜欢？
3. 在你们国家过新年或过节的时候放鞭炮或焰火（yànhuǒ）吗？有什么限制？
4. 介绍你们国家最有本国文化特征（tèzhēng）的一个节日活动。

七 辩论：

　　学生根据不同的观点分为两组，进行辩论，然后选出本班最佳辩论员。

参考论题：
1. 放鞭炮弊（bì）大于利。
2. 不应该给孩子压岁钱。

补充材料

你能介绍一下下面这些图片的内容吗?

口语知识（五）

1 插说与口语中常见的插入语

　　插说是一种特殊句式，多用于口语。它是在句子的句首、句中或句末插入某一词语，这一词语不和句中的各个成分发生结构关系，去掉它，句子的原结构也不受太大的影响，但是它在语意表达上是有一定作用的。

　　插说主要有以下几种作用：

　　（1）表示说话人主观的想法、看法、意见或态度。常用的插入语有"我想""我看""不瞒你说""说实在的"等：

> ① 我想你们大概也有过这样的经历吧。
> ② 我看你先找个研究生吧。
> ③ 不瞒你说，来中国的第一个月，我的体重一下子减了三公斤。
> ④ 说实在的，我最喜欢过周末。
> ⑤ 说句心里话，要是真有一个漂亮姑娘喜欢上我，我也不敢娶她。

　　（2）表示对情况的推测、估计。常用的插入语有"看来""看起来""看样子""说不定""这么说"等：

> ① 看来我只好换一个手机了。
> ② 这样的生活看起来挺没意思的吧？
> ③ 看样子，他很喜欢跳舞。
> ④ 如果你能去一些风景区旅游，说不定还能找辆牛车、马车来坐坐呢。
> ⑤ 这么说我比你还强点儿？

（3）表示引起对方注意。常用的插入语有"你看""你说""你想""我说"等：

① 你看，我怎么把这件事忘了呢！
② 大夫让我好好休息。你说，我上不了课可怎么办呢？
③ 你想，学了一个星期，周末的时候还不该好好放松一下儿吗？
④ 我说，你怎么又把狗带来了？

（4）表示某一消息的来源。常用的插入语有"听说""据说""据我所知""听……说"等：

① 听说这里的动物园可大了。
② 据我所知，中国现在离婚的比过去多了。
③ 听大卫说，你想找个辅导？
④ 中国有句俗话，这还是大卫教给我的，叫做"早吃好，午吃饱，晚吃少"。

（5）表示意想不到。常用的插入语有"谁知道""没想到""想不到"等：

① 我问售货员，谁知她冲我喊了起来。
② 谁知道老师又给我倒了一杯。
③ 没想到，他对中国的春节了解这么多。
④ 想不到在中国学开车这么麻烦！

2　程度补语的常见形式

程度补语，是用来表示述语所达到的程度或状态的。

带程度补语的述补结构一般有三种类型：

（1）用"得"连接程度补语：

① 写得乱
② 说得不对
③ 好得很
④ 累得慌
⑤ 急得不得了
⑥ 挤得要命
⑦ 气得要死
⑧ 热得够呛

（2）用"个"连接程度补语：

① 吃个饱
② 说个不停
③ 要把事情调查个一清二楚
④ 玩儿了个痛快

（3）不用结构助词连接，而以"极、多、死、坏、透、远"等词表示程度，末尾一定要带"了"字：

① 饿极了
② 比我强多了
③ 麻烦死了
④ 乐坏了
⑤ 坏透了
⑥ 他的水平差远了

练 习

一 找出下列句子中的插入语：

1. 说心里话，我还是挺喜欢他的。
2. 遇到这种事，我想，你不会不管吧？
3. 没想到他就是我们的口语老师。
4. 他们做了一个特大的蛋糕，据说有一张桌子那么大。
5. 她想和我儿子结婚，你想，我能同意吗？
6. 我要是参加这次比赛，说不定还能获奖呢！
7. 你看，她说着说着又哭上了。
8. 我说，你怎么不打个电话就来了？
9. 听你妈妈说，你要退学？
10. 看样子他不会来了。

二 改病句：

1. 她的作业写很整齐。
2. 干了一天活儿，我很累得慌。
3. 他的汉语比我差太远。
4. 妹妹很急得要命。
5. 昨天他喝个痛快了。
6. 钟声响得个不停。
7. 大家高兴透了。
8. 这样做不好得很。
9. 最近事情太多，忙死我。
10. 司机气得要命了。

口语常用语（五）

1 安慰与劝解

生活中常常会有不好的事情发生，像丢失、损坏物品，学习或事业上的失败，得病住院，亲人去世，等等。当这种事情发生在你朋友身上时，也许他非常希望得到你的安慰。

对朋友生活中的一些较小的挫折，像丢了钱包，摔坏了贵重物品，失火烧了部分家具等等，你应该用比较轻松、乐观的话语来安慰朋友：

（1）丢了就丢了吧！
（2）旧的不去，新的不来。
（3）早就该换新的了。
（4）以后注意点儿就是了。
（5）只要人没出事比什么都强。
（6）破财免灾。

如果朋友在学习或事业上遭到失败，就应该用鼓励的话安慰朋友，使他增强信心，重新开始：

（1）别灰心，重新来。
（2）振作起来，明年还有机会。
（3）别难过，这不是你的错。
（4）这种事总是难免的。
（5）想开一点儿，不就那么回事嘛！
（6）失败是成功之母。

当朋友得病住院，心情烦躁的时候，你看望病人，就应该避重就轻地说些让病人宽心的话：

（1）你比我上次来精神多了。
（2）你的气色好多了。
（3）安心养病吧，单位的事有我们大家呢。

（4）别急着出院，多养几天。
（5）不要着急，又不是什么大病。
（6）大家都挺惦记你呢。

如果朋友家里发生了不幸的事情，比如说亲人去世，那就要以同样沉重的心情，说些同情和劝解的话：

（1）真没想到会发生这样的事。
（2）人已经走了，别太难过了。
（3）你也要保重自己的身体呀！
（4）为了孩子，你也要坚强一些。
（5）千万要节哀呀！
（6）老人这样走了也好，没受什么罪。

此外，生活中有时会发生令人气愤的事，如上当受骗，被人欺负，丢掉工作等等，这种事情处理不好，会使人着急、生气，甚至会自杀或与人拼命。遇到这种情况，朋友式的劝解就非常重要，一定要劝朋友冷静下来：

（1）事情已经发生了，着急有什么用？
（2）你冷静点儿，别气坏了身子。
（3）你先别急，咱们坐下来想想办法。
（4）已经这样了，就当花钱买个教训吧！
（5）为这种人去死不值得。
（6）就算你揍他一顿，能挽回你的损失吗？

2 担心与发愁

刚刚走出考场，你也许会担心不及格；明天要去郊游，你也许会担心下雨；孩子没有按时回家，你也许会担心他出事。生活中让人担心的事真是太多了。遇到担心的事，人们除了用"我担心……""我怕……""我真怕……""我就怕……""会不会……"等句式以外，往往还会用到下面的一些词语或句式：

（1）万一

　　对可能性极小但有可能出现的事情的担心：

　　① 万一考不及格可怎么办呢？
　　② 万一出了事情就麻烦了。

（2）千万

　　用祈求的语气期望所担心的事情不要发生：

　　① 明天千万别下雨呀！
　　② 千万不要让他知道哇！

（3）恐怕

　　担心不好的事情要发生：

　　① 他们俩打起来了，恐怕要出人命。
　　② 恐怕他们不会答应你的要求。

（4）可别……

　　祈求所担心的事情不要发生：

　　① 可别出什么事啊！
　　② 可别输了呀！

（5）不会……吧？

　　担心会出现某种不希望发生的事情：

　　① 她不会生我的气吧？
　　② 你们不会开除他吧？

（6）要是……就糟了

　　担心出现意外的后果：

> ① 要是她没有接到我的信就糟了。
> ② 要是被人发现就糟了。

　　生活中发生了令人担心的事情，人们常常会因此而发愁，或者觉得不知所措。这时，一个"愁"字已经不能完全表达人们的心情，有很多其他的说法：

> ① 这可怎么办呢？
> ② 急死我了！
> ③ 真让人坐立不安。
> ④ 愁得头发都白了。
> ⑤ 急得像热锅上的蚂蚁。

"语句理解"总表

B

别看我不爱照相，我照出的相片可是一流水平（别看）	10
别拿我开心了（拿……开心）	1
别提了	5
不管怎么说	9
不瞒你说	3
不用说	18
不至于吧	10

D

打扰了	1
大过年的（大……的）	20
对了	8
对我来说（对……来说）	3
多的是	5

G

告诉你	16
恭喜恭喜	8

H

还是我来照吧（还是我来（V）吧）	10
好说	1
喝个够（……个够）	17

J

急得要命	4
急死我了（……死我了）	6
叫什么来着（……来着）	14

K

看把你急得（看把你……得）	4
看花眼	9
看你说的	12
看情况	15

N

拿公共汽车来说（拿……来说）	5
哪儿啊	2
那才有意思呢	14
那还等什么（……什么）	4
那还用说	8
那就听你的	7
那她可美坏了（……坏了）	16
那我（们）就不客气了	12
你还真行	13
你还真有两下子（有两下子）	12
你饶了我吧	16
你呀	13

S

商店里就先忙上了（……上了）	20
十有八九	18
谁让咱们是朋友呢	9
谁想吃成胖子啊（谁想……啊）	2
谁知道	17
谁知道呢	13
顺便问一下儿	2

说不好	4	都带上吧（要不）	7
说不了几句话（……不了几……）	19	要么不接，要么关机（要么……要么……）	6
说得过去	9	要是我没猜错的话	15
说实在的	5	一言为定	11

T

听你的口气	14	遗憾的是（……的是）	15
听你这么一说	4	有的是	17
		有什么办法	7
		有什么可害羞的	18

W

Z

我就说到这儿吧（就……到这儿）	16	再说	19
我就知道你会说这句（我就知道……）	3	怎么都让我赶上了（让……赶上了）	6
（我们）自己来	11	找找看吧（……看）	19
		这倒是	8

X

像树叶似的（像……似的）	13	这还多啊（这还……啊）	2
心里痒痒	11	这么说	3
		这下结实了（这下……了）	7

Y

……要不，你把你的各种证件		这样吧	5
		这样的例子多着呢（……着呢）	20
		真让你说着了	11

词语总表

A

安全	ānquán	（形）	20
熬	áo	（动）	20

B

白	bái	（副）	7
拜年	bài nián		20
搬家	bān jiā		8
帮忙	bāng máng		4
包裹	bāoguǒ	（名）	7
包装	bāozhuāng	（动）	7
剥	bāo	（动）	11
保守	bǎoshǒu	（形）	9
保证	bǎozhèng	（动）	16
报刊	bàokān	（名）	6
报名	bào míng		2
抱歉	bàoqiàn	（形）	18
蹦	bèng	（动）	14
比不上	bǐ bu shàng		1
必修课	bìxiūkè	（名）	2
闭（眼）	bì (yǎn)	（动）	10
鞭炮	biānpào	（名）	20
便饭	biànfàn	（名）	11
表情	biǎoqíng	（名）	10
表示	biǎoshì	（动）	18
冰棍儿	bīnggùnr	（名）	17
不成敬意	bù chéng jìng yì		18
不管	bùguǎn	（连）	19
不慌不忙	bù huāng bù máng		19
不仅	bùjǐn	（连）	19
不然	bùrán	（连）	5
不许	bù xǔ		15

C

猜	cāi	（动）	15
采访	cǎifǎng	（动）	16
参谋	cānmou	（动）	9
惨	cǎn	（形）	5
茶具	chájù	（名）	9
查	chá	（动）	5
拆	chāi	（动）	6
馋鬼	chánguǐ	（名）	7
长途	chángtú	（名）	5
尝	cháng	（动）	11
超过	chāoguò	（动）	2
超市	chāoshì	（名）	8
吵	chǎo	（形）	17
炒	chǎo	（动）	13
扯（嗓子）	chě (sǎngzi)	（动）	14
称呼	chēnghu	（动）	11
吃惊	chī jīng		1
吃力	chīlì	（形）	2
充值	chōng zhí		6
重复	chóngfù	（动）	19
冲	chòng	（介）	3
出发	chūfā	（动）	16
除了	chúle	（连）	2, 11
除夕	chúxī	（名）	20
厨房	chúfáng	（名）	8
传说	chuánshuō	（动）	15
传统	chuántǒng	（形、名）	15
吹牛	chuī niú		16
刺激	cìjī	（动）	16

193

葱	cōng	(名)	13	滴	dī	(量)	13
从来	cónglái	(副)	13	底	dǐ	(名)	20
从小	cóngxiǎo	(副)	12	地铁	dìtiě	(名)	5
凑合	còuhe	(动)	14	第一时间	dì yī shíjiān		10
粗	cū	(形)	13	点（火）	diǎn (huǒ)	(动)	13
醋	cù	(名)	13	电视台	diànshìtái	(名)	16
脆	cuì	(形)	13	电子邮件	diànzǐ yóujiàn		8
				调	diào	(名)	14
	D			订	dìng	(动)	7
				定	dìng	(动)	4
搭配	dāpèi	(动)	18	逗	dòu	(动)	11
答应	dāying	(动)	11	堵车	dǔ chē		5
打呼噜	dǎ hūlu		17	短信	duǎnxìn	(名)	6
打扰	dǎrǎo	(动)	1	对手	duìshǒu	(名)	16
打算	dǎsuàn	(动、名)	1	躲	duǒ	(动)	3
打折	dǎ zhé		7				
大吃一惊	dà chī yì jīng		1		**F**		
大拇指	dàmǔzhǐ	(名)	18				
待会儿	dāi huìr		11	发财	fā cái		12
带劲儿	dàijìnr	(形)	14	发票	fāpiào	(名)	9
单位	dānwèi	(名)	12	发现	fāxiàn	(动)	18
单子	dānzi	(名)	7	罚（款）	fá (kuǎn)	(动)	7
耽误	dānwù	(动)	12	烦	fán	(动)	16
当面	dāngmiàn	(副)	18	反正	fǎnzheng	(副)	14
倒（车）	dǎo (chē)	(动)	5	方面	fāngmiàn	(名)	2
到底	dàodǐ	(副)	15	房东	fángdōng	(名)	8
倒	dào	(副)	11	房租	fángzū	(名)	8
倒¹	dào	(动)	11	放	fàng	(动)	14
倒²	dào	(动)	20	放心	fàng xīn		10
倒影	dàoyǐng	(名)	10	非……不可	fēi……bùkě		5
得意	déyì	(形)	18	费劲	fèi jìn		6
得	děi	(助动)	1	丰收	fēngshōu	(动)	15
灯笼	dēnglong	(名)	20	风景	fēngjǐng	(名)	10
登	dēng	(动)	15	风味小吃	fēngwèi xiǎochī		20
等不及	děngbují	(动)	4	风筝	fēngzheng	(名)	15
瞪	dèng	(动)	13	枫叶	fēngyè	(名)	15

服装	fúzhuāng	（名）	9
辅导	fǔdǎo	（动）	4
付	fù	（动）	7

G

该	gāi	（助动）	4
改期	gǎi qī		6
概况	gàikuàng	（名）	2
赶快	gǎnkuài	（副）	4
感动	gǎndòng	（动）	18
感觉	gǎnjué	（名）	8
感兴趣	gǎn xìngqù		1
刚	gāng	（副）	1
高才生	gāocáishēng	（名）	4
糕	gāo	（名）	15
个子	gèzi	（名）	10
各行各业	gè háng gè yè		19
各有利弊	gè yǒu lì bì		4
各种各样	gè zhǒng gè yàng		19
根据	gēnjù	（动）	19
跟前	gēnqián	（名）	10
跟上	gēnshang		4
恭喜	gōngxǐ	（动）	20
够	gòu	（动）	4
挂	guà	（动）	6
怪	guài	（动）	11
怪不得	guàibude	（副）	3
关机	guān jī		6
惯	guàn	（形）	19
光	guāng	（副）	11
光	guāng	（形）	17
逛	guàng	（动）	20
贵重	guìzhòng	（形）	18
锅	guō	（名）	13
过路人	guòlùrén	（名）	6

过期	guò qī		7
过意不去	guò yì bú qù		12

H

海运	hǎiyùn	（动）	7
害	hài	（动）	17
害羞	hàixiū	（形）	18
含义	hányì	（名）	20
行家	hángjia	（名）	8
好多	hǎoduō	（数）	19
合影	hé yǐng		10
合（租）	hé (zū)	（动）	8
和……一样	hé……yíyàng		1
和善	héshàn	（形）	8
哼	hēng	（动）	14
吼	hǒu	（动）	14
胡同	hútòng	（名）	6
糊涂	hútu	（形）	5
互相	hùxiāng	（副）	4
环境	huánjìng	（名）	19
回（电话）	huí (diànhuà)	（动）	6
婚礼	hūnlǐ	（名）	17
货	huò	（名）	7
获奖	huò jiǎng		16

J

几乎	jīhū	（副）	17
吉利	jílì	（形）	20
急	jí	（形）	11
急于求成	jí yú qiú chéng		2
记得	jìde	（动）	2
记者	jìzhě	（名）	16
加油站	jiāyóuzhàn	（名）	20
家常	jiācháng	（形）	11
嘉宾	jiābīn	（名）	17

195

夹	jiā	（动）	12
坚持	jiānchí	（动）	19
减价	jiǎn jià		9
见多识广	jiàn duō shí guǎng		16
建议	jiànyì	（动、名）	4
健美	jiànměi	（形、名）	18
讲座	jiǎngzuò	（名）	2
降	jiàng	（动）	14
交款	jiāo kuǎn		9
交流	jiāoliú	（动）	18
交朋友	jiāo péngyou		1
交谈	jiāotán	（动）	19
交通工具	jiāotōng gōngjù		5
交往	jiāowǎng	（动）	19
郊区	jiāoqū	（名）	5
郊外	jiāowài	（名）	15
郊游	jiāoyóu	（动）	10
较量	jiàoliàng	（动）	16
教学	jiàoxué	（名）	2
结实	jiēshi	（形）	7
接（电话）	jiē (diànhuà)	（动）	6
接受	jiēshòu	（动）	16
节目	jiémù	（名）	16
介意	jiè yì		17
尽快	jǐnkuài	（副）	19
进步	jìnbù	（动、名）	19
进修	jìnxiū	（动）	1
禁止	jìnzhǐ	（动）	20
经验	jīngyàn	（名）	13
就算（是）	jiù suàn (shì)		5
桔子	júzi	（名）	11
菊花	júhuā	（名）	15
举行	jǔxíng	（动）	20
具体	jùtǐ	（形）	17

K

开（票）	kāi (piào)	（动）	9
砍（价）	kǎn (jià)	（动）	9
烤	kǎo	（动）	15
靠	kào	（动）	10
可惜	kěxī	（形）	5
客房	kèfáng	（名）	17
客厅	kètīng	（名）	8
课表	kèbiǎo	（名）	2
课间	kèjiān	（名）	3
课堂	kètáng	（名）	19
空调	kōngtiáo	（名）	5
空运	kōngyùn	（动）	7
恐怕	kǒngpà	（副）	1
口气	kǒuqì	（名）	14
口头语	kǒutóuyǔ	（名）	17
口味	kǒuwèi	（名）	13
口音	kǒuyīn	（名）	3
快餐店	kuàicāndiàn	（名）	6
宽敞	kuānchang	（形）	11
款	kuǎn	（名）	7
矿泉水	kuàngquánshuǐ	（名）	15

L

辣	là	（形）	12
辣椒	làjiāo	（名）	12
来历	láilì	（名）	20
浪费	làngfèi	（动）	10
（老）两口儿	(lǎo) liǎngkǒur	（名）	12
历法	lìfǎ	（名）	15
历史系	lìshǐxì	（名）	1
利用	lìyòng	（动）	15
联系	liánxì	（动）	6
聊天儿	liáo tiānr		3

留步	liúbù	(动)	12
流行歌曲	liúxíng gēqǔ		14
流利	liúlì	(形)	19
漏	lòu	(动)	8
露面	lòu miàn		16
录	lù	(动)	19
萝卜	luóbo	(名)	14
旅店	lǚdiàn	(名)	17

M

骂	mà	(动)	17
嘛	ma	(助)	3
瞒	mán	(动)	3
满意	mǎnyì	(动)	4
毛病	máobìng	(名)	17
冒	mào	(动)	13
没想到	méi xiǎngdào		1
美好	měihǎo	(形)	10
门	mén	(量)	2
门铃	ménlíng	(名)	8
迷	mí	(名)	12
迷路	mí lù		5
民歌	míngē	(名)	14
民族	mínzú	(名)	14
明星	míngxīng	(名)	18
模仿	mófǎng	(动)	14

N

拿……开心	ná……kāixīn		1
拿手	náshǒu	(形)	12
暖气	nuǎnqì	(名)	8

P

牌子	páizi	(名)	6
旁听	pángtīng	(动)	2
胖子	pàngzi	(名)	2
陪	péi	(动)	11
漂	piāo	(动)	7
聘	pìn	(动)	13
平时	píngshí	(名)	12
凭	píng	(介)	9
普通话	pǔtōnghuà	(名)	19

Q

期中	qīzhōng	(名)	19
其实	qíshí	(副)	5
启发	qǐfā	(名)	19
启事	qǐshì	(名)	8
起点	qǐdiǎn	(名)	5
千万	qiānwàn	(副)	11
谦虚	qiānxū	(形)	17
强	qiáng	(形)	3
敲	qiāo	(动)	1
窍门	qiàomén	(名)	18
切	qiē	(动)	13
茄子	qiézi	(名)	10
亲戚	qīnqi	(名)	20
亲身	qīnshēn	(形)	17
青椒	qīngjiāo	(名)	13
请教	qǐngjiào	(动)	12
请客	qǐng kè		8
秋高气爽	qiū gāo qì shuǎng		15
求之不得	qiú zhī bù dé		16
劝	quàn	(动)	18
缺	quē	(动)	13

R

热闹	rènao	(形)	12
人数	rénshù	(名)	2
忍不住	rěn bu zhù		17

扔	rēng	（动）	16
日常	rìcháng	（形）	4
入席	rù xí		12
入系	rù xì		1
软件	ruǎnjiàn	（名）	6
润	rùn	（动）	17

S

散	sǎn	（动）	7
嗓子	sǎngzi	（名）	14
傻	shǎ	（形）	10
删	shān	（动）	10
商量	shāngliang	（动）	11
赏	shǎng	（动）	15
上班	shàng bān		12
上市	shàng shì		9
少数民族	shǎoshù mínzú		14
设计	shèjì	（动）	9
摄影	shèyǐng	（动）	10
身材	shēncái	（名）	9
声誉	shēngyù	（名）	10
省	shěng	（动）	7
省得	shěngde	（连）	6
诗	shī	（名）	15
时髦	shímáo	（形）	9
实在	shízài	（形）	5
似的	shìde	（助）	13
事先	shìxiān	（名）	5
视频	shìpín	（名）	14
适合	shìhé	（动）	2
适应	shìyìng	（动）	3
收获	shōuhuò	（名、动）	19
收件人	shōujiànrén	（名）	7
收款台	shōukuǎntái	（名）	9
熟	shóu	（形）	13
手艺	shǒuyì	（名）	11
首	shǒu	（量）	14
瘦	shòu	（形）	3
竖	shù	（动）	14
刷（卡）	shuā (kǎ)	（动）	5
水龙头	shuǐlóngtóu	（名）	8
顺	shùn	（介）	6
顺便	shùnbiàn	（副）	2
顺路	shùn lù		5
说不定	shuōbudìng	（副）	5
丝	sī	（名）	13
寺庙	sìmiào	（名）	20
俗话	súhuà	（名）	3
随	suí	（动）	16
随便	suíbiàn	（形）	11

T

塔	tǎ	（名）	10
贪	tān	（动）	11
摊主	tānzhǔ	（名）	9
讨价还价	tǎo jià huán jià		9
套	tào	（量）	9
题目	tímù	（名）	18
体重	tǐzhòng	（名）	3
填	tián	（动）	7
调料	tiáoliào	（名）	13
亭	tíng	（名）	6
挺……的	tǐng……de		1
通	tōng	（动）	5
同屋	tóngwū	（名）	1
土豆	tǔdòu	（名）	13
兔（子）	tù(zi)	（名）	14
团圆	tuányuán	（动）	20
推荐	tuījiàn	（动）	7
退换	tuìhuàn	（动）	9

W

外套	wàitào	（名）	9
万一	wànyī	（副）	5
网	wǎng	（名）	2
网站	wǎngzhàn	（名）	7
网址	wǎngzhǐ	（名）	7
微薄	wēibó	（形）	18
卫生间	wèishēngjiān	（名）	8
味道	wèidao	（名）	12
温柔	wēnróu	（形）	14
卧室	wòshì	（名）	8
午休	wǔxiū	（动）	3
捂	wǔ	（动）	14
舞蹈	wǔdǎo	（名）	16
舞厅	wǔtīng	（名）	16
误会	wùhuì	（动）	17

X

稀里糊涂	xīlihútú	（形）	16
细	xì	（形）	13
瞎	xiā	（副）	17
下载	xiàzài	（动）	6
吓	xià	（动）	10
咸	xián	（形）	13
限制	xiànzhì	（动）	2
线路	xiànlù	（名）	5
羡慕	xiànmù	（动）	8
相当	xiāngdāng	（副）	12
相交	xiāngjiāo	（动）	20
项	xiàng	（量）	15
消息	xiāoxi	（名）	4
消灾免祸	xiāo zāi miǎn huò		15
小组	xiǎozǔ	（名）	6
校园	xiàoyuán	（名）	19

谐音	xiéyīn	（名）	20
心意	xīnyì	（名）	11
新潮	xīncháo	（名、形）	9
新郎	xīnláng	（名）	17
新娘	xīnniáng	（名）	17
信息	xìnxī	（名）	8
信心	xìnxīn	（名）	19
形象	xíngxiàng	（名）	10
袖子	xiùzi	（名）	9
选课	xuǎn kè		2
选修课	xuǎnxiūkè	（名）	2

Y

烟	yān	（名）	13
盐	yán	（名）	13
眼花缭乱	yǎnhuā liáoluàn		20
眼前	yǎnqián	（名）	4
演讲	yǎnjiǎng	（动）	18
演员	yǎnyuán	（名）	10
痒痒	yǎngyang	（形）	11
样式	yàngshì	（名）	9
要命	yào mìng		4
叶	yè	（名）	13
一辈子	yíbèizi	（名）	14
一流	yīliú	（形）	10
一模一样	yì mú yí yàng		9
（一）趟	(yí) tàng	（量）	3
一再	yízài	（副）	17
依然	yīrán	（副）	14
遗憾	yíhàn	（形）	15
意义	yìyì	（名）	18
迎接	yíngjiē	（动）	17
营业员	yíngyèyuán	（名）	7
影响	yǐngxiǎng	（动）	20
用不着	yòng bu zháo		4

用具	yòngjù	（名）	13	证件	zhèngjiàn	（名）	7
优惠	yōuhuì	（形）	9	直达	zhídá	（动）	5
幽默	yōumò	（形）	14	只好	zhǐhǎo	（副）	5
游戏	yóuxì	（名）	8	纸箱	zhǐxiāng	（名）	7
有关	yǒuguān	（动）	19	指	zhǐ	（动）	6
有空儿	yǒu kòngr		3	质量	zhìliàng	（名）	9
余	yú	（动）	20	终点	zhōngdiǎn	（名）	5
娱乐	yúlè	（名）	3	种类	zhǒnglèi	（名）	9
预示	yùshì	（动）	20	周到	zhōudào	（形）	15
遇上	yùshang	（动）	3	周围	zhōuwéi	（名）	8
原来	yuánlái	（副）	3	祝贺	zhùhè	（动）	17
原来	yuánlái	（名）	16	专门	zhuānmén	（副）	15
约会	yuēhuì	（名）	16	专线	zhuānxiàn	（名）	5
				专业队	zhuānyèduì	（名）	16
	Z			专用	zhuānyòng	（动）	7
糟	zāo	（形）	12	转告	zhuǎngào	（动）	6
占线	zhàn xiàn		6	庄稼	zhuāngjia	（名）	15
站牌	zhànpái	（名）	5	装	zhuāng	（动）	7
张（口）	zhāng (kǒu)	（动）	19	准	zhǔn	（副）	20
招待	zhāodài	（名）	12	资格	zīgé	（名）	4
招呼	zhāohu	（动）	1	自信	zìxìn	（形）	18
着火	zháo huǒ		15	自由	zìyóu	（形）	19
照片	zhàopiàn	（名）	10	自在	zìzai	（形）	8
照（相）	zhào (xiàng)	（动）	10	租	zū	（动）	8
针对性	zhēnduìxìng	（名）	4	组织	zǔzhī	（动）	15
震	zhèn	（动）	14	钻	zuān	（动）	3
征服	zhēngfú	（动）	16	做客	zuò kè		11
征婚	zhēng hūn		16	U 盘	U pán	（名）	14
整理	zhěnglǐ	（动）	10				